古代歷史文化^{研究}^{輯刊}

二八編

王明蓀 主編

第8冊

南宋臨安知府研究（上）

梅哲浩 著

國家圖書館出版品預行編目資料

南宋臨安知府研究（上）／梅哲浩 著 -- 初版 -- 新北市：花
木蘭文化事業有限公司，2022〔民 111〕
目 4+162 面；19×26 公分
（古代歷史文化研究輯刊 二八編；第 8 冊）
ISBN 978-626-344-082-1（精裝）
1.CST：官制 2.CST：南宋
618   111010278

古代歷史文化研究輯刊
二八編 第 八 冊   ISBN：978-626-344-082-1

南宋臨安知府研究（上）

作　　者	梅哲浩
主　　編	王明蓀
總 編 輯	杜潔祥
副總編輯	楊嘉樂
編輯主任	許郁翎
編　　輯	張雅淋、潘玟靜、劉子瑄　美術編輯　陳逸婷
出　　版	花木蘭文化事業有限公司
發 行 人	高小娟
聯絡地址	235 新北市中和區中安街七二號十三樓
	電話：02-2923-1455／傳真：02-2923-1452
網　　址	http://www.huamulan.tw 信箱 service@huamulans.com
印　　刷	普羅文化出版廣告事業
初　　版	2022 年 9 月
定　　價	二八編 27 冊（精裝）新台幣 80,000 元

南宋臨安知府研究(上)

梅哲浩 著

作者簡介

梅哲浩，祖籍湖北省武漢市，民國 72 年出生於臺灣省臺北市，中國文化大學史學系、史學研究所畢業，師從韓桂華、王明蓀等學者，專攻領域為宋代宗室史、宋代城市史，民國 109 年獲史學博士學位，曾任實踐大學博雅學部兼任助理教授，代表著作為《南宋宗室與包容政治》。

提　要

　　緒論，是研究動機、研究回顧、研究方法與資料來源、章節架構與預期成果，希望解決南宋臨安府，與其長官在政府組織中的地位。

　　第一章，從傳統中國的首都及其長官制度出發，在唐朝以前始終在中央和地方政府之間徘徊，唐朝時以中央官兼京兆尹的方式，朝中央化邁進一步，北宋透過制訂「在京諸法」的方式，確立首都特區地位，知府為中央官，不過因強本弱末國策之故，知府的權力僅限開封城內，是首都特區首長；南宋初期，因宋金靖康－建炎戰爭，失去包括首都開封府在內的四京府，中央政府陸續遷徙，從揚州、建康府，最終在臨安府（杭州）底定，為表示不忘收復失土的政治宣示，僅稱「行在所」，實則為南宋國都，形成行都臨安府、陪都建康府的兩都體制。

　　第二章，南宋的首都及其長官制度，與北宋不盡相同，為因應戰爭或備戰體制，與寺監裁併，部分原屬寺監的單位轉隸臨安府，除承辦外交庶務外，還有皇宮與中央衙署的建築工程、供給中央所需物資、執行東南會子的兌換等工作，成為中央承辦事務機構，知府多從中央、浙漕調任，以減少出缺時間；長官制度，與北宋相較，權力更為集中；除兼任安撫使外，長官多由兩浙路轉運司、中央六部、寺監長貳兼知，地位較北宋高，也被視為「輔弼之儲」，被當作遷轉考核的職位。

　　第三章，臨安府置司臨安城內，知府的寄祿官最低階為朝官，既是中央官、常參官，掌握朝廷事權，地位顯要，容易捲入中央政局，因職權需要而參加的朝議、典禮儀式，知府的人事任命亦與皇帝、宰執意向密切，包括「宗子維城」思想而多以宗室士大夫知臨安府，皇帝表態、權相柄國的政治黨派等方面予以展現其政治相貌。

　　第四章，都市事務方面，施政深受朝廷、皇帝意志影響，主要表現在社會福利；都市建設，歷任知府大多延續前任而逐步修、改、增築，直到淳祐年間，由在任最久的知府趙與懃集大成，進行全面整建，奠定晚宋臨安城風貌。轄下士民對知府的評價，無論好壞，都相當直接、主觀。

　　結論，南宋臨安知府制度，在北宋開封知府制度的基礎上更進一步，開啟後世元總管府路、明清京師體制的先河，也是我國直轄市舊制的先聲。

誌謝辭

庚子年伊始，全球即陷入動盪不安的狀態，瘟疫全球肆虐，引發連鎖反應，許多預定的計畫遭到破壞，而這動盪迄今尚未有止歇的跡象，我就在這動盪之年的立冬之時通過學位論文口試，完成七年半的博士歷程，幸運的是，我和周圍的人沒有受到感染，臺灣的社會環境與世界局勢比較起來相對穩定，雖然歷時久遠，我仍寫完這篇博士論文，也將告別十五年的文化大學通勤歲月。

在動筆著述前，我遭遇到種種困境，首先是選題，博士班入學考試時提出的「宋寧宗研究」已有眾多人著述論及該時代的種種面向，因此必須重新選擇新的題目，在一、二年級一邊修課，一邊摸索，與英文奮戰，通過博士候選人資格考，在備考和忙於空中大學教科書《遼金元史》的校對中，選擇了現在之主題，當初原命名為「南宋知臨安府群體研究」，與指導教授討論後改為《南宋臨安知府研究》，通過研究計畫審查會，才算開始動筆，新的難題接踵而來，首先要面對《宋會要》龐雜的記載內容，其次是更為龐雜的當代研究成果，幸而藉由現代資料庫和網路資訊的流通性、便利性，最終一一克服，儘管本作仍有諸多不完善之處，囿於時間與資料因素，以待日後有更多的新資料、新見解，再予以補齊。

在執筆過程中，我受到許多幫助，感謝黃繁光、林煌達兩位老師，在我執筆遭遇疑問時，兩位老師不厭其煩為我解惑；感謝韓桂華老師在兩次博士學位論文考試，與之間的初審後修改審查提出不少建議；感謝楊宇勛老師不遠千里從嘉義趕來臺北，在我正式口試時提出許多有用建議；此外，

也要感謝本校市政系的許世雨老師，讓我旁聽他的市政學概論課程，並推薦我市政學理論的專業書籍；感謝本系桂齊遜老師，我從大學、博士班便修過他中國法制史課程，為我提供傳統中國法律方面的知識，得以讓我找到突破點，與現代市政學的首都特區理論結合；感謝本系李如鈞老師，替我提供論文寫作的建議；感謝臺北大學歷史學系的山口智哉老師，幫我從日本找來臺灣找不到的日文期刊；感謝宋史座談會的與會者，在我報告時提出不同面向的看法。最後，最為感謝的是我的指導教授王明蓀老師，這七年半的時間，從做人、做學問到做事，不離不棄、毫無怨尤的教誨，我對王老師的感謝，難以用文字形容，從大學到研究所碩、博士班，我都有選修王老師的課程，王老師的學者風範深植我心。

再次感謝諸位師長、學友的提攜與鼓勵，讓我能在求學之途從基礎開始根植，得以一窺知識殿堂的面貌。

目

次

圖目次

緒　論

第一節　研究動機

　　本論文命題為「南宋臨安知府研究」，乃始於《宋史・職官六》中，對臨安府的權責描述：「本府掌畿甸之事，籍其戶口，均其賦役，頒其禁令」，〔註1〕「畿甸」一詞，韓愈在〈潮州刺史謝上表〉說道：「雖在萬里之外，嶺海之陬，待之一如畿甸之間，輦轂之下」，〔註2〕「畿甸」與「輦轂」對稱，前者為國都內外，後者為皇帝或皇城的代稱；過去認為臨安府為地方政府，臨安知府為地方政府首長，因「畿甸」一詞產生矛盾，輦轂之下的畿甸，能否視為地方政府轄境？如欲就此問題進行探討，該從臨安府制度進行？或者知府制度？不只討論臨安知府的職權範圍，也討論朝廷對臨安知府的期望為何；如欲討論臨安知府的職權範圍，勢必得先收集過去學者對宋代城市的研究成果，這是基於「制度為政治之過程」理論的原因，知府們施政的遵循框架，藉由城市制度的研究成果，方能理解臨安知府的職權，與地方知府的異同之處。本論文的主軸在研究制度而非城市，儘管城市史研究中也包含城市制度的研究，那只是其中一部份，城市史研究還包括地域、社會結構、文化風俗等面像，本論文在探討的是制度的變遷、政治的運作，以及以「知府」為中心的

〔註1〕　（元）脫脫等撰，《宋史》（北京：中華書局，1977年），卷166，志119，〈臨安府〉，頁3944。

〔註2〕　（唐）韓愈著，馬其昶校注，《韓昌黎文集校注》（上海：上海古籍出版社，1986年），卷8，〈潮州刺史謝上表〉，頁618。

「人物群體」研究，即是「臨安知府」。既決定以臨安知府為出發點，題目就得合《宋史》記載，首長為「知府」，〔註3〕故命題為「南宋臨安知府研究」。

民國初年，中、日學者先後對中國都市的歷史產生興趣，梁啟超在民國15年（1926）發表〈中國都市小史〉，〔註4〕日本學者加藤繁在1931年發表〈宋代都市的發展〉，〔註5〕說明坊牆倒塌的意義，即從唐代的封閉性都市轉向宋代開放性都市；二次大戰後，梅原郁主編的論文集《中國近世の都市と文化》（1984），〔註6〕對宋代都市進行廣泛性的研究，伊原弘氏在1985年發表論文，針對該書，評論中國都市史研究的最大缺點在於集中於國都，對其他都市的情況反而不明朗，〔註7〕其後於1988年發表專書《中國中世都市紀行——宋代の都市と都市生活》，〔註8〕從制度層面深入到城市居民的生活文化，以及城市空間配置，相當程度上採行市政學理論；2002年，日本學者斯波義信發表專著《中國都市史》，〔註9〕從上古至現代，探討中國城市的選址、建築和變遷、興衰的意涵；次年，大陸學者楊寬發表以中國都城為主題的專書《中國古代都城制度史研究》，〔註10〕將範圍濃縮在中國歷代都城，對都城的遷徙、變化進行比較。以上專書數量，足可證明，中、日學者對中國城市的發展，已有可觀成果，尤以宋代城市，最受注目。目前的焦點，之所以集中在城市史研究，與社會學有關，藉由該學科重新檢視史料，來瞭解當代城市社會結構；市政學理論的誕生時間與社會學相近，與歷史研究更為契合，乃是因為該科是重視效果的學科，歷史是已經發生，不會改變事件結果，利用市政學來檢視城市史，事件的經過、變化、結果，恰可證明施政者的政策是否奏效。市政學，以第二次世界大戰為分界點，前期認為與政治學、行政學有

〔註3〕 《宋史》卷166，志119，〈臨安府〉，頁3944。

〔註4〕 梁啟超，〈中國都市小史〉，《晨報》七週紀念增刊，民國15年10月。

〔註5〕 （日）加藤繁著，吳杰譯，〈宋代都市的發展〉，收入《中國經濟史考證》（北京：商務印書館，1959年），第1冊，頁239～277。

〔註6〕 （日）梅原郁編，《中國近世の都市と文化》，京都：京都大學人文科學研究所，昭和59年。

〔註7〕 （日）伊原弘，〈批評・紹介：梅原郁編《中國近世の都市と文化》〉，《東洋史研究》43期，1985年，頁727～734。

〔註8〕 （日）伊原弘，《中國中世都市紀行——宋代の都市と都市生活》，東京：中央公論社，1988年。

〔註9〕 （日）斯波義信著，布和譯，《中國都市史》，北京：北京大學出版社，2013年。

〔註10〕楊寬，《中國古代都城制度史研究》，上海：上海人民出版社，2003年。

關，著重點在城市社會特性、市政組織、城市行政管理與服務，易被歸類在
政治史、制度史研究；現代市政學，則轉為如何讓行政更合理化以達到健全
的福利，注重城市發展與規劃、都市更新、城市的合理體系以解決土地利用、
公共交通、居民住宅、社會安全與福利等問題，〔註11〕由於現代市政學是落
實於現代城市，多樣性、複雜性遠勝於古代，對於傳統中國城市的研究，採
用前期的理論比較適宜。對於宋代中央/地方政治、制度史研究，已有不少論
著，如楊樹藩《宋代中央政治制度》、〔註12〕苗書梅〈宋代地方制度史研究評
述〉、〔註13〕梅原郁《宋代官僚制度研究》、〔註14〕余蔚《宋代地方行政制度
研究》，〔註15〕遺憾的是對於臨安知府和浙西安撫司制度的研究缺乏著墨。簡
言之，社會學是研究、解釋社會現象的學科，市政學則是重視管理、具實效
性的學科。目前城市史研究的動向，偏重使用社會學，並從都城轉向地方城
鎮。

　　針對兩宋都城或城市的研究，北宋以周寶珠《宋代東京研究》〔註16〕和久
保田和男的《宋代開封研究》〔註17〕為代表，南宋則為林正秋《南宋都城臨安》、
〔註18〕包偉民《宋代城市研究》、〔註19〕梁庚堯〈南宋城市的發展〉。〔註20〕

　　以上研究，已達成塑造出中國城市制度和市民生態、經濟活動的框架，
其中以兩宋都城，開封和臨安，導入市政學的結果，得以描繪出生動地近世
都市形貌，瞭解兩宋都城制度的發展變遷、相互關係，形成與運行，藉由「活
的制度史」〔註21〕的理念，在制度規範內、外施行時碰到的問題，與解決對

〔註11〕劉瓊編著，《市政學》，臺北：華視文化事業股份有限公司附設中華出版社，
　　　　民國69年。

〔註12〕楊樹藩，《宋代中央政治制度》，臺北：臺灣商務印書館，民國76年。

〔註13〕苗書梅，〈宋代地方制度史研究評述〉，收入包偉民主編《宋代制度史研究百
　　　　年（1900～2000）》，頁133～164。

〔註14〕（日）梅原郁，《宋代官僚制度研究》，京都：同朋舍，昭和60年。

〔註15〕余蔚，《宋代地方行政制度研究》，復旦大學博士論文，2003年。

〔註16〕周寶珠，《宋代東京研究》，開封：河南大學出版社，1992年。

〔註17〕（日）久保田和男著，郭萬平譯，《宋代開封研究》，上海：上海古籍出版社，
　　　　2010年。

〔註18〕林正秋，《南宋都城臨安》，杭州：西泠印社，1986年。

〔註19〕包偉民，《宋代城市研究》，北京：中華書局，2014年。

〔註20〕梁庚堯，〈南宋城市的發展〉，收入《宋代社會經濟史論集》（臺北：允晨文化，
　　　　民國86年），頁481～590。

〔註21〕鄧小南，〈走向「活」的制度史：以宋代官僚政治制度史研究為例的點滴思考〉，
　　　　收入《朗潤學史叢稿》（北京：中華書局，2010年），頁497～505。

策，表現出長時段下的動態情況，臨安知府的就任型態亦符合此方法，宋朝的「京師」是開封府，臨安府是「行在所」，卻是實質上的國都，光是稱呼和地位就充滿彈性，知府的就任型態也不是一成不變，制度上組織架構是地方政府，但在宋朝職官制度特色的職、官、差遣運作之下，臨安知府的地位和權力卻高於北宋開封知府，此一情形自南宋中期越發明顯，這與國策、南宋局勢、地理位置相呼應。

此外，正如包偉民在〈唐宋城市研究學術史批判〉指出的問題，現代的城市史研究專精於城市聚落、都城、少數區域中心城市，擴大到一般州縣城，再擴張到城市群體，以現代學術解釋，便是從市政學擴張到區域規劃，而市政學得以成立的基礎，得力於社會學的誕生。包偉民氏認為當今史學研究越來越趨向於社會科學化，即運用不同的理論來解釋史料，也提及受到存世史料完整性的制約，史實重構與現象解釋並重成為現代史學研究的主軸，研究者必須付出較之他人更多的努力，但也容易陷入缺乏連續性的問題，針對單一主題持續深入，而和其他議題產生斷層，或者忽略其他可能性的解釋。〔註22〕目前城市史的研究重心，依照寧欣的分類，一是地域空間，諸如城市區劃、佈局、建築等；二是社會與政治空間，諸如居民結構、社會結構、社會流動、城市管理制度等；三是精神空間，諸如城市文化、城市社會心理、城市觀念等。〔註23〕這如同將城市視為有機體加以剖析，越分越細，卻難免顧此失彼。本文著重點在於城市行政制度，知府與朝廷關係及其施政風格，次為城市士民對知府施政的意見。

宋朝施行中央集權體制，地方州縣長吏皆為朝廷派遣的京朝官，有中央外派機構的含意，〔註24〕這是宋朝政治制度的特色。若將範圍限縮在州的等級，分成州、府、軍、監四種，分類方式在於地位高低、轄區大小；若只討論府，北宋在政治、經濟或軍事上，比州更重要的地方設府，北宋徽宗宣和七

〔註22〕包偉民，〈唐宋城市研究學術史批判〉，《人文雜誌》，2013 年第 1 期，頁 78～96。

〔註23〕寧欣，《唐宋都城社會結構研究——對城市經濟與社會的關注》（北京：商務印書館，2009 年），頁 5。

〔註24〕錢穆，《中國歷代政治得失》（臺北：東大圖書公司，民國 77 年），頁 81；苗書梅，〈宋代知州及其職能〉，《史學月刊》，1998 年第 6 期，頁 43～47；李昌憲，〈略論宋代知州制的形成及其歷史意義〉，《南京大學學報・哲學・人文・社會科學版》，1996 年第 4 期，頁 73～76；梅原郁，《宋代官僚制度研究》（京都：同朋社，昭和 60 年），頁 212～225。

年（1125）共設 38 府，其中四個京府，其餘為次府。〔註25〕這四個京府分別
為東京開封府、西京河南府、南京應天府、北京大名府，然在《宋史》或《宋
會要輯稿》中提到「京府」，大多單指東京開封府，〔註26〕南宋僅在孝宗欲讓
光宗尹臨安時提及「京府體例」，此外只有「京府助教」這一官銜，故南宋在
制度上無京府，只有次府，行在所臨安府則為實質上的京府，更為實質上的
都城。由於京府問題非本文所欲探討的主題，因此到此告一段落。

　　臨安府既為南宋實質上的京府，又為行在所所在地，朝廷座落於此，
自然成為研究城市史學者們關注的焦點，而缺失也如包偉民氏所批評，研
究範圍深入、零碎，彼此難以接合；探討臨安的城市地域、社會與政治、
精神空間，有如解剖人的軀幹臟器，而傳統政治、制度史則如研究大腦，
即朝廷運作，卻忽略了負責執行動作、傳達訊息，有如小腦和延腦般的機
構：臨安府。

　　過去對臨安府的組織架構、僚屬及職能皆有詳盡研究，所欠缺的是進一
步解釋臨安府在南宋政府組織中的地位，知臨安府的性質為何，最直接的問
題，即臨安府究竟是地方政府？是中央政府？鄭壽彭是較早觸及此議題的學
者，其著作《宋代開封府研究》〔註27〕以開封府為「京府」的理由，再列舉
知府的職權義務，得出開封府乃中央政府的執行機關，出發點固然有誤，論
證過程亦有解釋上的瑕疵，但引用大量史料以證明其論點，若能釐正上述缺
失，南宋臨安府是否也可套用其理論？

　　即便臨安府在地位上如同開封府，仍有許多不同之處，如知府半數為卿
監從臣兼任、知府兼浙西安撫使、東南會子的發行和回收等，都是可以再研
究的議題，此為筆者之研究動機。

〔註25〕　聶崇岐，〈宋代府州軍監之分析〉，收入《宋史叢考》（北京：中華書局，1980
　　　　　年），頁 70～126。
〔註26〕　《宋史》卷 266，列傳 25，〈溫仲舒傳〉，頁 9183；又見《宋史》卷 277，列
　　　　　傳 36，〈慎知禮傳〉，頁 9446；又見《宋史》卷 292，列傳 51，〈夏侯嶠傳〉，
　　　　　頁 9758。開封府外三京府，或稱「陪京」，見《宋史》卷 167，志 120，〈留
　　　　　守・副留守〉，頁 3960。《宋會要》中單指開封府，宋真宗在位時頻率較高，
　　　　　見《宋會要》禮 5 之 6，〈巡幸〉，冊 4，頁 1914、職官 37 之 5，〈開封尹〉，
　　　　　冊 7，頁 3964。
〔註27〕　鄭壽彭，《宋代開封府研究》，臺北：國立編譯館中華叢書編審委員會，民國
　　　　　69 年。

第二節　研究回顧

　　關於宋代城市史的研究，可謂汗牛充棟，臺灣師範大學的楊貞莉甚至寫了一篇長達 31 頁的研究回顧〈近二十五年來宋代城市史研究回顧（1980～2005）〉，〔註28〕其中對宋代城市的研究，近半數集中在兩宋都城開封和臨安，由於近三十年來兩岸和日本發表的期刊論文甚多，從制度、行政管理、社會階層、社會文化方面進行探討，筆者從中挑選與本論文相關之專著、學位論文、期刊論文，作為研究回顧。

一、專書

1. 鄭壽彭《宋代開封府研究》

　　鄭壽彭從行政學的角度來探討北宋京城管理機構開封府，從知府的官稱、職權範圍、義務，加以分析，比較出作為京府的開封府和其他州府的差異性，進一步證明開封府乃中央執行機關而非地方政府，其職權集中在開封城內的治安、司法、社會保障等首都特區事務，參與國政不多，集中在朝議、禮儀和祭祀方面。其引用資料眾多，舉證歷歷。惜對部分歷史名詞和歷史事件解釋有誤，且由責任和權限去探究人性善惡，難免牽強，然其貢獻仍屬難得。

2. 林正秋《南宋都城臨安》

　　林正秋的著作《南宋都城臨安》是大陸地區較早期的，研究臨安府的專書，後續研究臨安府的學者皆難以迴避本書，包括徐吉軍的同名專書，〔註29〕係以林正秋的內容增補新資料和統計數據而成。本書內容從制度出發，社會階層、經濟、文化、休閒、都市管理等，蒐羅廣泛，資料齊全，惜未能進一步解釋史料，末章「南宋後期的臨安」流於政治史窠臼，附錄一「臨安大事編年記」半數為國家大事，冗長而離題；徐吉軍的同名書，貢獻在於將臨安發生的重大災害列表；對歷任知府任期短暫一事，林正秋認為是容易得罪權貴，徐吉軍則指出有近三分之一的知府是由宗室士大夫出任，並認為皇帝喜愛用自己人，卻沒有進一步說明理由。這是兩書研究的缺憾之處。

3. 包偉民《宋代城市研究》

〔註28〕楊貞莉，〈近二十五年來宋代城市史研究回顧（1980～2005）〉，《臺灣師大歷史學報》31 期，2006 年，頁 221～250。

〔註29〕徐吉軍，《南宋都城臨安》，杭州：杭州出版社，2008 年。

包偉民在撰寫本著作時，使用了市政學中的區域規劃理論，跳脫一地一區的範疇，從宏觀的角度來比較，在各種條件差異下，宋朝各地方城市發展的規模、型態，以及發展過程中遭遇的瓶頸，對此提出解釋，其中對京城的描述，著重在文人書寫記憶下的京城人口意象。

二、學位論文

1. 趙嗣胤《南宋臨安研究——禮法視野下的古代都城》，〔註30〕碩士論文

趙嗣胤該篇碩士論文，雖然主要在探討禮法、制度，筆觸卻相當生動，不拘泥死板的法令規章，而是藉由宋人筆記來剖析當時局勢、社會、心理、人文活動，加以探討，再搭配市容規模不斷變動、擴張，描繪出動態的都市更新景象；種種典禮儀式、宗教祭祀，主角非神而是人，隱藏在神的表象下的人心，所編奏的一首如夢似幻的臨安式嘉年華。不足之處在於，對禮法失序的闡述，筆者觀看其引用史料，屬於社會自然變遷而法令修正跟隨不上變化的速度，足以說明社會變遷之迅速，已是唐以來律令制度無法應付，宋朝雖不斷透過修訂詔令集和條法判例，但這是否為禮法失序，尚待斟酌的討論。

2. 吳炯漢《南宋建都臨安探究》，〔註31〕碩士論文

吳炯漢的碩士論文《南宋建都臨安探究》是在民國104年完成，研究南宋定都問題的最新學位論文，該作在動筆前要面對的挑戰，即是該題目已有大量學者研究過，此外宋人本身也曾對奠都問題持續議論，故作者吳炯漢要面對的即是來自古人和現代學者的雙重挑戰。由於此議題論著頗豐，吳炯漢氏在蒐羅上頗費心思，盡可能掌握到重要的論著，達到「旁徵博引」，這點值得讚賞，缺失則在於難以突破既有觀點，以及在選取材料上沒有做好選擇，史料應以善本、古本為優先考量，這點相當可惜。

3. 楊竹旺《南宋都城臨安府行政管理制度研究》，〔註32〕碩士論文

楊竹旺的碩士論文《南宋都城臨安府行政管理制度研究》，是在2014年

〔註30〕趙嗣胤，《南宋臨安研究——禮法視野下的古代都城》，復旦大學碩士論文，2011年。
〔註31〕吳炯漢，《南宋建都臨安探究》，東吳大學碩士論文，民國104年。
〔註32〕楊竹旺，《南宋都城臨安府行政管理制度研究》，浙江大學碩士論文，2014年。

完成，研究臨安府的行政管理制度，在此之前，已有多篇期刊論文，探討臨安府分門別類的行政管理制度，如廂坊的發展，火災、荒政、治安、公共事業等行政管理，本作引用大量資料，其中多參考林正秋、徐吉軍的著作。該文特色為，將臨安府的行政管理機制做一整理性的敘述，並提出臨安府是介於地方政府與「准中央機構」兩種屬性的行政單位，然而並未進一步解釋「准中央機構」的定義，此為可惜之處。

三、期刊及論文集論文

以下所列期刊論文，按照研究回顧、政治制度、市政學的順序排列，共13篇：

1. 姚永輝〈城市史視野下的南宋臨安研究（1920～2013）〉〔註33〕

本論文是一篇研究回顧，作者主張目前的城市史研究尚未充分運用新的史料和考古成果，應利用經濟史、政治史，分析史料，獲得突破。

2. 賈玉英〈宋代京畿制度變遷論略〉〔註34〕

宋初的京畿疆域承襲自五代，以開封府統轄周邊 17 縣，稱為開封府界，至宋仁宗皇祐時改開封府界為京畿路，割併京東、西路州縣，擴大京畿疆域，並設京畿路轉運使、提點刑獄，未幾罷去；熙豐變法至元祐更化期間，開封府界疆域時大時小，但大體維持在固定疆域；宋徽宗時，開封府界多次被京畿路取代，京畿四輔時設時廢，疆域大體仍維持開封府界的 17 縣，直至北宋滅亡。紹興八年（1138）宋高宗定都臨安，以臨安府所轄 9 縣為京畿。

在管理上，設開封府界提點司，以補足京府統理京師和京畿不足之處，形成一個行政管理區，至宋仁宗時，已將開封府界視為與外路分等同的地位，促成京畿路的誕生，但因皇城司意圖藉機擴張勢力而罷廢；熙豐變法時，增設開封府界提舉常平司、提舉保甲司，元祐更化時增設提刑司，罷廢常平、保甲司，哲宗親政後恢復常平、保甲司，廢提刑司；宋徽宗時增設提舉學事。

開封府界（京畿路）是宋代路制的重要組成部分，過去學者常將開封府

〔註33〕姚永輝，〈城市史視野下的南宋臨安研究（1920～2013）〉，《史林》，2014 年第 5 期，頁 169～178。

〔註34〕賈玉英，〈宋代京畿制度變遷論略〉，《宋史研究論叢》（保定：河北大學出版社，2008 年），第 9 輯，頁 108～122。該文論點，詳見氏著《唐宋時期地方政治制度變遷史》（北京：人民出版社，2016 年），頁 57～60、61～62。

和開封府界混為一談；開封府界的地位等同於外在路分，除詔書中常與外在路分對比，提點司官員的資格也與轉運使、提刑使相同。

南宋京畿制度奠定於紹興八年（1138），臨安知府兼浙西安撫使，一切中外供需之事，皆委任臨安府，不只是京師、京畿管理機構，也是朝廷供需事務的管理機構，而浙西安撫使兼兵馬鈐轄管理京畿、京師及朝廷供需事務的體制，對元朝大總管府路制度產生影響。

3. 平田茂樹〈由書儀所見宋代的政治構造〉〔註35〕

宋代官署之間公文往來，有其書寫格式，統稱為「關牒」，由此可看出官署間的統攝、非統攝關係。在中央，三省、樞密院間的文書往來中，關於「非被受（朝旨）者」的本省事、本院事，使用牒；內外官司中「非相管隸者」，文書往來，也使用牒，可知這些牒為平行文書。或者，根據《慶元條法事類・文書》中所載，在具有統屬關係而不適合使用申狀、符、帖的事例場合，上行文書則稱「牒上」，下行文書則為「牒某司」這樣的形式。在地方，由中央下行的文書，元豐改制後不再使用「牒」，而改用「符」，上行則用「申狀」，這表示北宋朝廷推進了以三省六部為中心的統屬關係；州、縣之間的對移文書，鄰縣向鄰州稱「牒上」；不論大、小州，即便兼任路安撫使，也該使用「牒」這一原則。

「關」的使用，乃相同長官的官署內，不同部門間，關於關係問題的公文往來，通常用於在京官司進行薦舉時，向被推薦人所屬部局查詢其歷任狀況，沒有問題才允許推舉；地方監司間，調閱履歷資料，也是使用「關」來借取；內省無關報外司之理，此一原則，在因應快速共有政治情報的客觀要求下，是被允許在內、外司之間使用關報；地方上，宣撫使司、安撫大使間使用「關牒」，向其他監司、州、縣行文使用「札子」，這原本是中書省、尚書省、樞密院向下級官府傳遞下行文書的形式，南宋時則成為宣撫司、都督府等作為向地方的路、州、縣傳遞的文書而常態化了。

諮報，用於學士院向三省、樞密院遞送的平行文書，而三省、樞密院向學士院送「札子」時，不稱「札付」而稱「札送」，表示學士院的特殊地位。

北宋開封府向省、部遞交公文是用「申狀」，南宋臨安府則有「京師無牒問朝士之理」的說法，〔註36〕可見其上、下統屬關係。

〔註35〕（日）平田茂樹，〈由書儀所見宋代的政治構造〉，《文書・政令・信息溝通：以唐宋時期為主》（北京：北京大學出版社，2012年），頁183～207。
〔註36〕開封府申省、部，見（宋）李燾，《續資治通鑑長編》（北京：中華書局，1979

4. 劉龍〈再論北宋開封府官長群體──由《開封府題名記》談起〉〔註37〕

本論文以權知開封府事的身份為焦點，探討權知府的籍貫、出身、任期、政績、任職條件，彰顯歷任開封府官長為一特殊群體。

5. 梁偉基〈南宋政權之建立與財經官僚：高宗初年的知臨安府（1127～1142）〉〔註38〕

本論文從財經官僚的角度出發，探討南宋高宗初年的知臨安府。作者回顧了駐蹕問題的相關研究，進而提出臨安府的地理環境易守難攻，經濟圈足以作為反攻基地，是為政治與經濟的結合，接著指出高宗建炎時期尚未深入考慮知臨安府的人選，紹興以後任命的知臨安府，則具備財經官僚的性格，從而得出高宗定都臨安府為經濟考量、權力結構以財經官僚為骨幹、南宋政權和北宋政權同為「財政國家」的結論。

6. 賈玉英、趙文東〈北宋開封府管理制度研究〉〔註39〕

本論文從北宋開封府的設置與組織結構為起點，探討其主要職能、管理方式等問題。「府」的設置，從唐代開始，凡皇帝曾駐蹕及重要政治、經濟的州，都升為府，五代、兩宋沿襲；開封府的設置與後梁建立有關，並以開封府為後梁首都，後唐建立時曾一度廢為汴州，後晉建立又改回，直至北宋建立，均以開封府為京師，北宋建立後，開封府進入新的階段。北宋開封府的組織架構與官銜，以宋徽宗崇寧三年（1104）為分界，前期長官由親王擔任者稱尹，太子則稱判府事或牧，其餘乃稱權知、權發遣開封府事，後期罷權知府事，設牧、尹、少尹；屬官為判官、推官、司錄參軍事、諸曹參軍事。開封府的主要職能為，維護京師社會治安，審理刑獄案件，賑災恤民，按察賦稅、平定物價。管理方式分果斷高效型，威嚴治理型，寬平簡明型，誠信型，認真、強記型，抓典型。

年），卷 425，哲宗元祐四年五月丁卯條，頁 10290（以下簡稱《長編》）；京師無牒問朝士之理，見（宋）周密，《癸辛雜識》（北京：中華書局，1988 年），別集下，〈馬光祖〉，頁 300。

〔註37〕劉龍，〈再論北宋開封府官長群體──由《開封府題名記》談起〉，《平頂山學院學報》，30 卷第 6 期，2015 年，頁 42～47。

〔註38〕梁偉基，〈南宋政權之建立與財經官僚：高宗初年的知臨安府（1127～1142）〉，《中國文化研究所學報》41 期，2001 年，頁 33～62。

〔註39〕賈玉英、趙文東，〈北宋開封府管理制度研究〉，《史學月刊》，2006 年第 6 期，頁 128～134。

7. 吳曉萍〈兩宋京府的外交職能〉〔註40〕

本論文主旨在研究兩宋京府在外交活動中的權責和義務。作者認為，京府為中央機構所在地的地方政府，在對外事務中充當國家外交機關及事務助手，為國信所提供種種協助，開封府、臨安府承辦實際業務，業務範圍從修建維護驛館、食材採購、宴會所需娛樂活動的人員雇用、使節接待、使團護衛等，執行上支援國信所，知府充當館伴乃至正使，開封、臨安府在外交活動中承擔龐大的第一線工作。本作羅列開封、臨安兩府參與外交工作甚詳，惜忽略、未能闡述開封、臨安府在執行外交工作過程中，與主管機關樞密院、禮部主客司、鴻臚寺的關係，京府也僅限於開封、臨安府，並未提及其餘三京府。

8. 高橋弘臣〈南宋臨安と東南会子〉〔註41〕

本文是以中央發行官方紙幣的經緯和收兌方式為主的論文，發行紙幣的原因是鑄造銅錢的礦區減少了，而為支付官吏、軍隊薪餉而採取的貨幣政策，後擴大用以支付各種開銷，包括政府購買、首都居民賑濟等，為維持貨幣信用有「稱（秤）提」之法，利用界制和票據匯兌的方式進行調控，在發行的過程中因戰爭之故導致通貨膨脹，使得政府不得不提撥其他物品回收紙幣以維持幣值，其中負責回收紙幣的承辦單位即是臨安府。

9. 高橋弘臣〈南宋臨安の倉庫〉〔註42〕

本論文是以市政學進行城市史研究，以臨安府的糧食倉庫為研究對象，從管理制度出發，釐清府界內諸倉庫的管理機構；討論收納米的調配原則、隨時程的演變、徵收方式及來源；討論米調配時遭遇的困難，與用紙幣和糴、應付軍需、和糴量與時俱增、米價節節升高、和糴難度上升、紙幣貶值的惡性循環。第二，是討論屬社會福利用途的賑濟用米倉，羅列倉名和源流，各倉庫的儲藏量，各時段的賑濟量及遭遇困境，為應付倉儲量不足而增設新的倉庫、不同機

〔註40〕吳曉萍，〈兩宋京府的外交職能〉，《安徽師範大學學報·人文社會科學報》，38 卷第 1 期，2011 年，頁 35～38；中央的外交主管機關，見同作者，《宋代外交制度研究》（合肥：安徽人民出社，2006 年），頁 30～69。

〔註41〕（日）高橋弘臣，〈南宋臨安と東南会子〉，《愛媛大学法文学部論集·人文学科編》31 号，2011 年，頁 33～67。

〔註42〕（日）高橋弘臣，〈南宋臨安の倉庫〉，《愛媛大学法文学部論集·人文学科編》35 号，2013 年 9 月，頁 57～92。

關糴米赤字時的調度和預備性倉儲等作用。最後，討論公田法與倉庫，為容納公田法徵收的物資，增建倉庫，但公田法徵收的物資額度與北宋東南六路的年度上供額相當，徵收浙西土地時的手段堪稱苛刻，調度、運輸以嚴酷的法令強制執行，致使公田法受到強烈批判。

10. 高橋弘臣〈南宋臨安における空間形態とその変遷〉〔註43〕

本文是以時間為主軸，從北宋杭州城起，貫穿南宋臨安城的城市空間變遷比較，北宋時的杭州城屬於地方政府，城市形狀為「腰鼓城」，呈現長條狀、中間凹陷的型態，雖屬於富甲一方的大城市，各種城市設施、民居、寺院配置並不是非常緊密，甚至有人煙稀少的區域；至南宋時，因中央政府播遷於此，人口大幅增加，政府型態也由地方轉為首都特區，建立大量中央衙署、軍營、皇親國戚宅邸，原有的服務、社會保障、福利設施也擴增了，以致於城內無法容納眾多人口，連帶使得北宋即有的城外廂區也擴增，形成都會式郊區。

11. 高橋弘臣〈南宋臨安における宮城の建設・整備と史料〉〔註44〕

本文是藉由整理南宋皇城的建設、修造史料，進行的南宋皇城建築史研究，包含回顧定都臨安前，在揚州、建康府的行宮建造。在定都臨安後，大規模、頻繁的皇城修造記錄才逐漸增加，殿宇增築象徵大內議政功能逐步回復北宋程序規定，不過南宋皇城規模遜於北宋，作為妥協方案是將一殿臨事換區更名，以應付不同殿舉辦不同活動的程序規定。南宋皇城另一特點是「北內」的出現，因為安置退位皇帝，興築的「德壽宮」位於皇城北方而得此稱，之後亦隨入住太皇、太后不同而更名。

本博士論文引用高橋弘臣的期刊論文達12篇，高橋氏為筑波大學博士，現為愛媛大學法文學部教授，專攻領域為宋金元貨幣制度史、近世經濟史、宋代城市史、南宋軍事、財政史，其代表性著作為《宋金元貨幣史研究——元朝貨幣政策之形成過程》，〔註45〕在本論文第三章中亦有提及，姑且在緒論列4篇與經濟史、城市史相關的期刊論文。

〔註43〕（日）高橋弘臣，〈南宋臨安における空間形態とその変遷〉，《愛媛大学法文学部論集・人文学科編》33号，2012年，頁1～40。

〔註44〕（日）高橋弘臣，〈南宋臨安における宮城の建設・整備と史料〉，《資料学の方法を探る》18号，2019年，頁76～84。

〔註45〕（日）高橋弘臣著，林松濤譯，《宋金元貨幣史研究——元朝貨幣政策之形成過程》，上海：上海古籍出版社，2010年

12. 朱溢〈南宋三省與臨安的城市空間〉、〔註46〕〈南宋臨安城內寺監安置探析〉〔註47〕

這兩篇論文統括南宋主要中央機構在臨安城內的位置，其中三省、樞密院是最早決定建築位置在何處，迄南宋末未有遷徙，至多進行擴建的中央官署；寺、監的情況便複雜多了，隨時間推進，寺、監機構的復置、裁撤、擴編、擇址與建地取得、火災等因素，寺、監衙署遷徙不定，不像三省固定座落於皇城外，而是散佈在臨安城內。

13. 梅哲浩〈趙與𥲅與臨安府〉〔註48〕

本文是以宋理宗淳祐年間（1241～1252）任職臨安知府長達 12 年的趙與𥲅，其生平事蹟為起點，論述他在臨安知府任內的都市計畫，由於未有任職如他之長者，歷任知府大多承襲、延續前任政績，趙與𥲅憑藉其宗室身份和經濟之才，得以發揮所長，進行全面都市更新，奠定晚宋臨安城風貌的基礎，《淳祐臨安志》即為宣傳其政績而作，使得修纂《咸淳臨安志》的潛說友，以及其指導者賈似道難以望其項背，不得不另闢蹊徑，尋求其他方向頌揚政績，趙與𥲅亦被兩人視為政治上，難以跨越的競爭者。

第三節　研究方法與資料來源

一、研究方法

1. 史學方法

史學方法是研究歷史的基礎，盡量博採史料，利用歸納、比較、綜合、分析、析論、考證等方式，在合理的範圍內進行推演。

2. 市政學

市政學是 19 世紀末誕生，20 世紀蓬勃發展的學科，如前述分為兩階段，早期重視組織、行政，二戰後轉為研究如何讓行政更合理化以達到健全的福利，本文運用方式，從制度出發，釐清臨安府是地方政府或中央機關，再探討擔任

〔註46〕朱溢，〈南宋三省與臨安的城市空間〉，《復旦學報・社會科學版》，2017 年第 3 期，頁 17～27。

〔註47〕朱溢，〈南宋臨安城內寺監安置探析〉，《浙江大學學報・人文社會科學版》，47 卷第 5 期，2017 年，頁 140～153。

〔註48〕梅哲浩，〈趙與𥲅與臨安府〉，《華岡史學》第 6 期，2019 年，頁 31～76。

知府者的性格，藉此理解朝廷選擇知府的條件，施政方針和居民回饋。

　　3. 考古學

　　近年利用考古報告補足文獻史料不足之處，已成趨勢。臨安府治考古成果，顯示府衙建築恢弘，細部裝飾精美；藉由比較臨安府和南宋他路首州府治圖，可知空間配置不同，最大特徵為臨安府治的巨大校閱場。

二、主要史料文獻

　　1. 史籍類

　　以《宋史》、〔註49〕《金史》、〔註50〕《元史》、〔註51〕《建炎以來繫年要錄》、〔註52〕《宋史全文續資治通鑑》為主。〔註53〕

　　2. 方志類

　　主要以臨安三志——南宋時的三部臨安府方志，《乾道臨安志》、〔註54〕《淳祐臨安志》、〔註55〕《咸淳臨安志》〔註56〕搜錄的資料為來源。

　　3. 政書類

　　《宋會要輯稿》、〔註57〕《文獻通考》、〔註58〕《慶元條法事類》。〔註59〕

　　4. 宋人文集、筆記、小說、文章總集類

　　相關宋人文集如《葉適集》，〔註60〕筆記、小說如《夢粱錄》、〔註61〕今

〔註49〕（元）脫脫，《宋史》，北京：中華書局，1977年。
〔註50〕（元）脫脫，《金史》，北京：中華書局，1975年。
〔註51〕（明）宋濂，《元史》，北京：中華書局，1976年。
〔註52〕（宋）李心傳，《建炎以來繫年要錄》，北京：中華書局，2013年。（以下簡稱《要錄》）
〔註53〕（宋）佚名，《宋史全文續資治通鑑》，北京：中華書局，2016年。（以下簡稱《宋史全文》）
〔註54〕（宋）周淙，《乾道臨安志》，《宋元方志叢刊》，冊4，北京：中華書局，1990年。
〔註55〕（宋）趙與𥰆，《淳祐臨安志》，臺北：成文出版社，民國72年。
〔註56〕（宋）潛說友，《咸淳臨安志》，臺北：成文出版社，民國59年。
〔註57〕（清）徐松輯，劉琳、刁忠民、舒大剛等點校，《宋會要輯稿》，上海：上海古籍出版社，2014年。（以下簡稱《宋會要》）
〔註58〕（元）馬端臨，《文獻通考》，北京：中華書局，1986年。
〔註59〕（宋）謝深甫，《慶元條法事類》，哈爾濱：黑龍江人民出版社，2002年，收於楊一凡等編，《中國珍稀法律典籍續編》，冊1。
〔註60〕（宋）葉適，《葉適集》，北京：中華書局，1961年。
〔註61〕（宋）吳自牧著，關海娟校注，《夢粱錄新校注》，成都：巴蜀書社，2015年。（以下簡稱《夢粱錄》）

人集成的宋元人文彙如《全宋文》、〔註62〕《全元文》。〔註63〕

　　5. 近人研究論著，已如前述。

第四節　章節架構與預期成果

一、章節架構

　　本文除緒論和結論外，共分四章。第一章，政府組織中的臨安府，承襲至今的研究成果，從經濟、地理、政治角度解釋杭州的環境優勢，即在南宋前為五代十國中的吳越國首都，作為建都沿革的介紹，從宋高宗的性格，以及都市更新的角度詮釋文獻史料，來說明南宋奠都臨安府的理由；臨安知府的地位與權責，從兼任浙西安撫使、負責發行東南會子，行政、司法、財政、兵權集中，說明南宋朝廷賦予臨安府的責任更為重大；卿監尚書兼知臨安府的意義，卿監尚書兼知臨安府佔歷任知府人數的一半，任務取向頗重，如以尚書兼知，有決策者兼任執行者的含意；如為卿監兼知，則有簡化行政程序的含意，浙漕兼知亦同此理；知臨安府和權知開封府的比較，權知開封府和知臨安府皆為朝官，後者權力大於前者，表現在行政、財政、兵權上。

　　第二章，臨安知府的遷轉，就任臨安知府前擔任的職位，多為與財政、法律相關的職位，由此可知，擔任臨安知府的條件，為具備財經、法律等專業才能的技術官僚；制度上的任期、任滿待遇和實際，制度上，知府的任期是三年一任，京師長官極少能做滿任期。北宋權知開封府任滿待遇為執政，南宋知臨安府任滿者少，調任他職者多，無直升執政者，終官升至宰執者亦少；臨安知府離任的去向及其原因，可分為升遷、調任、提舉宮觀、免職、致仕，離任原因多為遭受彈劾。

　　第三章，中央執行機構體制下的臨安府，不同於地方政府之處，在於承辦的業務涉及中央官署、廨舍、宮殿的修建和維護，參與外交活動，徵集各項事務所需人力、物資等中央事務，此外，對於祈禳雪雨、奉行賑濟都民、收兌東南會子亦為其業務範圍。臨安知府兼任的其他使職，分常態性和非常態性，後者與知府個人長才有關。

　　第四章，從任命知府的詔書看朝廷對知臨安府的期望，詔書內容必為褒

〔註62〕曾棗莊、劉琳主編，《全宋文》，上海：上海辭書出版社，2006年。
〔註63〕李修生主編，《全元文》，南京：江蘇古籍出版社，1999年。

詞，且詳細說明任用理由，及對知府的期望；知府和朝政的關係，與皇權、相權、遷轉制度之下形成的人際網路有關；特區體制下的都市事務，施政以彈壓為先；知府的特區業務，大多與外路州府相同，實際運作則與中央組織息息相關，主要表現在社會保障、福利的資金來源；臨安府的收支及都市事務，財政困難之處一如地方州府；轄下士民對知府的看法，材料來自筆記小說，有許多與正史不盡相同、描述更為詳盡生動之處。

二、預期成果

1. 釐清臨安府的地位，具備中央事務承辦單位和特區政府雙重性

本條史料來源以《宋會要輯稿》為最，兩千餘條材料，均為朝廷交予臨安府執行的工作，其次為公文往來的格式，藉由書儀瞭解朝廷和臨安府間的統攝關係。

2. 釐清在中央執行機關體制下，臨安知府的特質

藉由由何種中央部會兼知臨安府，以及任命詔書，可以得知朝廷對該職位寄予何種期望，以及被任命者具備何種專才。

3. 釐清知府常態與非常態兼任的使職的意義

常態性的兼職是中央執行機構的一環，非常態兼職則是知府個人專長的表現。如單以臨安知府一職為著眼點，並無特別突出之處，但以人事命令，累加差遣，臨安知府和臨安府的權限將大幅擴張。

4. 釐清屬於都市事務的知府權責

都市事務，與居民生活息息相關，對知府的施政良善，居民也會表達直觀意見；市政收入，一如其他地方州縣，包偉民在《宋代地方財政史研究》中提及，南宋朝廷對州縣要求的種種不合理稅額、要求超額上供物資卻不給錢等問題，臨安府亦常碰到，〔註64〕比其他州縣佔有優勢的地方是，要求蠲免時，往往能獲得同意，故建設、社會福利不致拖延。

〔註64〕包偉民，《宋代地方財政史研究》（北京：中國人民大學出版社，2011年），頁114～136。

第一章　政府組織中的臨安府

　　「城」與「市」，分別代表「堡壘」與「市場」，是一種與鄉村對立的聚落型態。有城牆稱為「城」，無城牆稱為「邑」，而都邑的設立，主要出於政治或軍事目的，中國古代城市從起源到成熟發展，真正符合「城市」定義的春秋、戰國時代，各城市的城區結構無不呈現以政治、軍事或禮儀功能為主的特徵；從數量與佈局來看，西周初期的大分封和春秋戰國之際郡縣制的確立，是古代城市成長的兩大決定性推動因素，目的在於區域控制；作為控制地方政治據點的城市佔據要津，且具備聚集經濟要素的權力，因此城市的政治和經濟功能大多二合一，故中國古代城市的基本特徵，兼具政治、軍事性城堡及商業市場的雙重性，這一特點將長期制約中國古代城市發展的格局。〔註1〕秦始皇確立皇帝制度，中央集權，廢封建，行郡縣，傳統中國統一的型態，隨時代演進而有分合，至北宋初，懲五代之弊，定「強本弱末」國策，〔註2〕配合科舉制度普及，中央集權之下，聚落間隸屬關係為：京師—州軍—縣—鄉村，多數縣還管轄一定量的市鎮，〔註3〕宋以京朝官出任地方正、副首長，〔註4〕又

〔註1〕　包偉民，《宋代城市研究》（北京：中華書局，2014年），頁47、49、50～52。
〔註2〕　蔣復璁，〈宋代一個國策的檢討〉，收於氏著《宋史新探》（臺北：正中書局，民國55年），頁15～70；趙鐵寒，〈宋代「強幹弱枝」國策的管見〉，收於《宋史研究集》（臺北：國立編譯館中華叢書編審委員會，民國47年），第1輯，頁450～453。
〔註3〕　包偉民，《宋代城市研究》，頁62。
〔註4〕　李昌憲，〈略論宋代知州制的形成及其歷史意義〉，《南京大學學報・哲學人文社會科學版》，1996年第4期，頁73～76；苗書梅，〈宋代知州及其職能〉，《史學月刊》，1998年第6期，頁43～47；苗書梅，〈宋代通判及其主要職能〉，《河北學刊》，1990年第2期，頁83～89；李康，〈略論宋代通判職能及其演變〉，《鄭州航空工業管理學院學報・社會科學版》，34卷第4期，2015

將路的行政體系分割事權，〔註5〕形成中央獨大的局面，從另外一個角度來看，也可視為將地方中央化、直轄化的過程，這個現象同樣表現在輦轂之下的京師重地。

第一節　立府的沿革及建都

在傳統中國，歷朝君主於選址建都立國上，均有其考量，徐元文稱「自古帝王維繫天下，以人和不以地利，而卜都定鼎，計及萬世，必相天下之勢而後集之」，〔註6〕說明定都與國家形勢緊緊相扣，而國都為天下的象徵，〔註7〕周公營建東都雒邑，在中央集權、加強對中原地區及四方的控制的目的下，在地理位置上其重要性遠高於宗周鎬京，〔註8〕兩都制這一創舉直到漢、唐仍舊承襲。五代承唐之殘餘，除後唐以洛陽為都，後梁、晉、漢、周皆以開封為政治上的首都，但太廟、南郊皆留在洛陽，洛陽成為宗教上的都城，此情況維持到後周太祖廣順三年（953）後，在開封進行首次的郊祀為止。〔註9〕宋承後周定都於開封，結束五代十國分裂的局勢，統一中國，除以洛陽河南府為西京，另設立北京大名府、南京應天府為陪都，除開封府為天子駐蹕之地，稱為京師，其餘三京稱為陪京，並設有留守司，以親王、重臣判府兼留守司公事，地位高於一般府、州，可視為朝廷直轄地，由留守司統轄分司機構，北宋東京、南宋建康府、臨安府皆曾設置過留守司。〔註10〕

北宋四京，除東京開封府為後梁、晉、漢、周都城，西京之名初見於建

年，頁 68～72；齊覺生，〈北宋縣令制度之研究〉，《國立政治大學學報》18
期，民國 57 年，頁 274～314；齊覺生，〈南宋縣令制度之研究〉，《國立政治
大學學報》19 期，民國 58 年，頁 309～370；黃寬重，〈宋代基層社會的權力
結構與運作——以縣為主的考察〉，收於《中國史新論·基層社會卷》（臺北：
聯經出版事業公司，2007 年），頁 273～325。

〔註 5〕　余蔚，《宋代地方行政制度研究》，復旦大學博士論文，2003 年，頁 17～30。
〔註 6〕　（清）顧炎武，《歷代宅京記》（北京：中華書局，1984 年），〈徐元文序〉，頁
3。
〔註 7〕　《重刊宋本十三經注疏附校勘記》（北京：中華書局，1980 年），周禮注疏卷
1，〈天官冢宰第一〉，頁 3：「以此禮授之，使居雒邑，治天下。」
〔註 8〕　楊寬，《中國古代都城制度研究》（上海：上海人民出版社，2016 年），頁 43
～44。
〔註 9〕　（日）久保田和男，《宋代開封研究》，頁 23～26。
〔註 10〕　孫婧婍，《宋代留守制度研究》，河南大學碩士論文，2016 年，頁 11、11～12、
22～23，不過未進一步說明留守、留守司和分司機構之間的關係。

隆元年（960），〔註11〕乾德元年（963）遷其父趙弘殷之墓於河南府鞏縣，確立為皇家園陵所在地的地位，並於開寶九年（976）在西京舉行郊祀活動，大修宮室、開通運河、重修郊壇、訂定身後葬所，還曾一度想遷都於此；宋太宗於淳化四年（994）在西京設立中央財政機構三司右計，死後亦葬於西京；宋真宗則多次臨幸西京，並強化留守司下的中央分支機構，以西京國子監影響為大；宋仁宗時重修西京外城，兼以歐陽修、尹洙、謝絳等人提倡古文運動，使西京成為文化重鎮；神宗以後，西京政治地位不斷下降，神宗朝將西京作為安置舊黨派的場所，強化皇城司、監司的監管職能、取消西京分司官制、任用新法派擔任西京長官，至哲宗時西京外城、皇城破敗，礙於經費不足，難以修復，國子監官的取消，邵雍、程顥、司馬光等人的去世，程頤黨人活動受限，文化特色這一塊也逐漸沒落，宋徽宗時曾重修宮室，但不久後西京淪於金人之手，焚燼殆盡。〔註12〕

北京大名府源於中唐魏博節度使，五代時期為後唐、後晉、後漢、後周陪都，入宋後，因其地理位置在開封府北面四百里，與宋遼邊界又距八百里，水陸交通發達，位於河北路南部，處於京城和宋遼之間的交通要道上，也是一個軍事重鎮，有「河朔之咽喉」之稱；水路方面，大名府位於河北與中原的交通幹線御河的南端，是南方物資運往河北的集散地，其樞紐地位是河北其他州軍所無法比擬的；稅收上，熙寧十年（1077）大名府的稅收額在四京之中，僅次於東京開封府；人口方面，崇寧二年（1102）統計，在四京中也僅次於東京開封府，居於第二。

大名府於慶曆二年（1042）建為北京，確立其陪京地位，在政治軍事制度上，河北束路轉運司建衙於此。大名府長官除兼任北京留守司，還兼河北四路安撫使，軍、政地位重要，任命的長官有五代時舊臣、皇親國戚、隨龍人，更有前任兩府重臣。〔註13〕

南京應天府為新建京城，建於大中祥符七年（1014），建城理由為太祖龍興之地，及真宗「大中祥符策略」使然，實則發展規模最遜；南京留守司，例

〔註11〕（宋）李燾，《長編》卷1，太祖建隆元年春正月癸卯條，頁4：「奉周帝為鄭王，太后為周太后，遷居西京。」
〔註12〕張祥雲，《北宋西京河南府研究》（開封：河南大學出版社，2012年），頁20～27。
〔註13〕張春梅，《北宋大名府及其知府研究》，河南大學碩士論文，2010年，頁1～3。

由知府兼任留守司公事，任命者多為自請退閒、尚能視事的重臣，留守司組織，本應與中央相仿，實則經減省，只有御史臺和國子監。〔註14〕

以上三京留守司分司官，於神宗元豐四年（1081）罷廢，〔註15〕雖在哲宗元祐元年復置，已成安置貶官者的去處，且不一定會赴任，住處另外安置。〔註16〕

東京開封府，為北宋承襲自後周的首都，地勢平坦，乃四戰之地，除黃河以外無險可守，肇因於五代後晉石敬瑭割讓燕雲十六州，即長城線予契丹之故，亦為後周世宗北伐之因，目的在收回國防天險，故在宋立國前國防形勢已變；而北宋初先南後北之策略，平南方各國，得來自東南與川蜀之財富，擴展其經濟之強度，以為北方之資源，及太宗收燕雲雖未達成，但目的仍在於收回其地以鞏固國防。宋朝完成統一，經濟實力大增，足以為北方之仰賴，但長城失其守，西北產馬之地又為西夏佔據，為應付西、北二敵，不得不集精兵於京師，佈重鎮於河北，是其時解決國防、安守都城之辦法。〔註17〕但當強兵良將不再，兵險德固之說即受到挑戰，澶淵之盟即是此政策受挑戰後的結果，當北方重鎮遭到突破，京師即受到威脅，熙豐變法，王安石認為在京禁軍來源為招募游惰，素質低而不堪戰，徒然浪費餉糧，以保甲法取代屯駐重兵於京師的祖宗之法，削減在京禁軍數額，增加常駐於西、北邊境要塞的就糧禁軍，至宋徽宗時在京禁軍人口數維持在 5 萬至 10 萬之間。〔註18〕

以上四京府，皆於靖康──建炎戰爭中喪失，宋室南遷過程中，曾就行

〔註14〕韓桂華，〈宋代發祥地：南京應天府研究──以建制為中心〉，《史學彙刊》34期，民國 104 年，頁 47～62。韓桂華，〈宋代南京應天府的職官體系〉，《史學彙刊》35 期，民國 105 年，頁 137～152。

〔註15〕《宋會要》職官 46 之 5，〈分司〉，冊 7，頁 4261：「（元豐）四年十二月十六日，詔：『見分司官三年罷，自今更不許分司。』以侍御史知雜事滿中行言，乞自今見任官更不許陳請分司，已分司者候滿二年放罷。」

〔註16〕《宋會要》職官 46 之 5，〈分司〉，冊 7，頁 4261：「（哲宗元祐元年五月十八日）同日，詔三京依舊置分司官。」紹聖後如呂大防、劉摯、蘇轍等遭貶謫官員，給予分司官，但在別處安置，見同書職官 46 之 6，〈分司〉，冊 7，頁 4262。

〔註17〕王明蓀，〈兵險德固──論北宋之建都〉，《中國中古史研究》，第 7 期，2007年，頁 153～177。

〔註18〕在京禁軍人數削減，見（日）久保田和男著，《宋代開封研究》，頁 71～76；在京禁軍人數，見同書頁 98；王安石主張以保甲法取代屯駐重兵於京師的強幹弱枝國策，見頁 186。

在駐蹕之處進行討論，除宗澤主張之回蹕汴京不被納入考量，李綱主張南陽，黃潛善、汪伯彥等主張揚州，亦有主張建康者，並為此引發政爭；〔註19〕但是，建炎三年（1129）二月下旬，揚州陷落，宋高宗倉皇渡江，新的駐蹕地再度成為議題，從建炎三年至紹興末，行在所於建康和臨安間搖擺，最終形成以建康府為實質上的陪京，臨安府為京師的體制，〔註20〕而臨安府京師地位確立，則是宋孝宗以皇太子（光宗）判臨安府，〔註21〕模仿宋太宗、宋真宗，皇位繼承人尹開封府之前例。

臨安府地位確立前，行在所有眾多候選地點，提案者所持若干理由，今分述於後。

一、長安、汴京

持此說者有宗澤、張浚。宗澤的最終政治目的，是希望高宗回鑾，主持復興大計，持駐蹕長安的理由，在於關中有形勢之利，可以抵禦金兵進攻，還可號召中原豪傑，實際上乃考慮到高宗若貿然回京，可能在半途遭金兵邀截。〔註22〕

張浚則認為，若要中興，高宗非幸關陝不可，〔註23〕御史中丞張守認為這

〔註19〕（日）寺地遵著，劉靜貞、李今芸譯，《南宋初期政治史研究》（臺北：稻禾出版社，民國84年），頁71～74；即便決定建都臨安，建都之議始終未能止息，見曾祥波，〈南宋初年的建都之議及其影響〉，《國學學刊》，2014年第1期，頁62～72。

〔註20〕（宋）文天祥，《指南後錄》（北京：線裝書局，2004年），卷1下，〈建康〉，9b，收於《宋集珍本叢刊》，冊88，頁792：「金陵古會府，南渡舊陪京。」又見（宋）馬廷鸞，《碧梧玩芳集》（北京：線裝書局，2004年），卷5，〈觀文殿學士提舉臨安府洞霄宮馬光祖依前職特授沿江制置大使兼知建康府兼江東安撫大使兼行宮留守制〉，2a，收於《宋集珍本叢刊》，冊87，頁138：「朕簡求近弼，重鎮陪京。」臨安府為實質上的京師，見（宋）王應麟，《玉海》（南京：江蘇古籍出版社，1987年），卷19，〈地理〉，20a～20b，頁372：「西界浙河，東奄左海，左江右湖，根柢萬寓，視古京兆。郡國之首，四方觀政，肇轂先彈壓，京邑翼翼，四方是則，天子千里之畿，京師諸夏之本，控吳越帶江山，統千里之封畿，冠四方之岳牧，蛞罱弗設桴鼓希鳴。」

〔註21〕《宋史》卷34，本紀34，〈孝宗二〉，頁651。

〔註22〕吳炯漢，《南宋建都臨安探究》，東吳大學歷史學系碩士論文，頁18。

〔註23〕《宋史》卷361，列傳120，〈張浚傳〉，頁11297：「時乘輿在揚州，浚言：『中原天下之根本，願下詔葺東京、關陝、襄鄧以待巡幸。』」；又見（宋）李心傳，《要錄》卷32，建炎四年三月乙丑條，頁738：「陛下果有意於中興，非幸關陝不可。願先幸鄂渚，臣當糾率將士奉迎鑾輿，永為定都大計。」

與將士多陝西人有關。〔註24〕

二、襄、鄧地區

此意見之主張者為李綱，且建議模仿契丹「行國」方式，〔註25〕遊走於關中、襄陽、建康之間，目的在避免靖康之難，汴京受圍後遭一網打盡的覆轍，〔註26〕後上疏請駐蹕襄、鄧，不再堅持「行國」之說。〔註27〕

三、四川巴蜀地區

知永興軍唐重建議高宗駐蹕西蜀，屯兵漢中，建方鎮於關中，重視陝西的防備，希望能獲得其該路駐軍的指揮權，或者派宗室為京兆牧，以固根本之地，認為巡幸東南是無策之舉。〔註28〕

四、建康府

建康府在地理形勢上的優勢，糧草可依靠水路運輸，位於軍事防禦的前沿地帶，依靠長江、淮水為屏障，地勢險峻，漕運便利，衛膚敏稱「建康實帝都，外連江淮，內控湖海，負山帶海，為東南要害之地」，〔註29〕朱熹則稱「建康形勢雄壯，然淮破則止隔一水，欲進取則都建康，欲自守則都臨安」，〔註30〕指出建康作為都城的不利之處；而顛沛流離的宋高宗，終以為臨安最能帶給他安全感。〔註31〕因此，南宋建康府，作為防衛臨安的軍事重鎮，設有行宮留守司，成為實質上的陪京。

〔註24〕 （宋）李心傳，《要錄》卷23，建炎三年五月戊寅條，頁559。

〔註25〕 楊若薇，《契丹王朝政治軍事制度研究》（北京：中國社會科學出版社，1991年），頁127。

〔註26〕 （宋）李綱，《李綱全集》（長沙：岳麓書社，2004年），卷58，〈議巡幸〉，頁637～638。

〔註27〕 （宋）李心傳，《要錄》卷7，建炎元年七月辛丑條，頁204；又見同書卷7，建炎元年七月乙巳條，頁219～210。

〔註28〕 《宋史》卷447，列傳206，〈唐重傳〉，頁13186～13187。

〔註29〕 （宋）馬光祖，《景定建康志》（北京：中華書局，1990年），卷1，〈留都錄一・行宮記載〉，1b，收於《宋元方志叢刊》，冊2，頁1335。

〔註30〕 （清）顧祖禹著，施和金、賀次君點校，《讀史方輿紀要》（北京：中華書局，2005年），卷90，〈浙江二〉，頁4122。

〔註31〕 （宋）葉紹翁，《四朝聞見錄》（北京：中華書局，1989年），乙集，〈高宗駐蹕〉，頁45：「高宗六龍未知所駐，嘗幸楚，幸吳，幸越，俱不契聖慮。暨觀錢塘表裡江湖之勝，則嘆曰：『吾捨此何適？』。」

五、臨安府

自紹興二年（1132）宋高宗移蹕臨安，宋廷再度發生建都爭議，其背後根源即戰略上的「防淮」和「防江」。建都建康，淮甸成為第一道防線；建都臨安，淮甸似有若無，長江成為第一道防線。實際上，「守江必守淮」是南方防禦北方的基本常識，而若不放棄北伐，光復中原之志，建康是首要之選，至淮西兵變發生前，建都建康是極有可能的結果，〔註32〕最終高宗以自身安全為優先考量的條件，選擇臨安。〔註33〕

臨安城的形狀，稱為「腰鼓城」，東西狹窄（2500 公尺），南北瘦長（7000公尺），面積約 17.5 平方公里，夾於浙江、西湖、東海之間，地理形勢，一言以蔽之，為一「水都」，以當時金軍主力為騎兵的情況而言，是不利作戰的場所，〔註34〕如欲圍城亦難以包圍，必須水、陸並進，而當時金軍的水軍尚非南宋對手，兀朮雖渡江、攻破臨安，追逐高宗至海上，終一無所獲，在北返途中為韓世忠所率海船水軍阻隔江上，差點有去無回。〔註35〕故在軍事上，三面環水的臨安府，遠較建康府易於防守。

城市發展上，儘管杭州在隋唐時已有「川澤沃衍，有海陸之饒，珍異所聚，故商賈並湊」之譽，〔註36〕至北宋時，雖有「地上天宮」美稱，然仍有尚未開發之處，「山中深谷，枯田林莽塞目。魚蝦屏斷，鮮適莫構」，〔註37〕北宋末的方臘之亂，南宋建炎末（1129～1130），金人屠掠亦使杭州人口銳減，〔註38〕

〔註32〕 曾祥波，〈南宋初年的建都之議及其影響〉，《國學學刊》，2014 年第 1 期，頁68。

〔註33〕 劉子健，〈背海立國與半壁山河的長期穩定〉，收於氏著《兩宋史研究彙編》（臺北：聯經出版事業公司，民國 76 年），頁 24；黃繁光，〈試探宋金和戰與高宗心態的轉折〉，收於《宋史研究論文集》（武漢，湖北人民出版社，2011年），頁 256～257；（日）寺地遵，《南宋初期政治史研究》，頁 54、66～67。

〔註34〕 （法）謝和耐（Jacques Gernet）著，馬德程譯，《南宋社會生活史》（臺北：中國文化大學出版部，民國 71 年），頁 1。

〔註35〕 （宋）李心傳，《要錄》卷 32，建炎四年四月癸未條，頁 742～743。

〔註36〕 （唐）魏徵等撰，《隋書》（北京：中華書局，1973 年），卷 31，志 26，〈揚州・林邑郡〉，頁 887。

〔註37〕 （宋）不著撰人，《楓窗小牘》（臺北：臺灣商務印書館，民國 72 年），卷上，9b，收於《文淵閣四庫全書》，冊 1038，頁 213。相關研究，參見（日）高橋弘臣，〈南宋臨安における空間形態とその変遷〉，《愛媛大学法文学部論集・人文学科編》33 号，2012 年，頁 33～67。

〔註38〕 吳松弟，《北方移民與南宋社會變遷》（臺北：文津出版社，民國 82 年），頁48。

土著人口的減少和城內未開發區域，為北方移居者提供了發展空間。（參考本章末附圖 1-1）

第二節　臨安府的地位

一、南宋以前首都長官的任官型態

1. 西漢京兆尹

西漢初期沿襲秦制，長安長官稱為「內史」，文帝、景帝時分立左、右，至武帝太初元年更名為京兆尹，歸司隸校尉部，性質上仍屬於皇帝近臣、禮官等性質，且具有中央、地方行政官員的雙重屬性，除京畿地區的行政、司法、監察、人事權，還可上朝參議，地位等同九卿；〔註39〕此外，西漢時代的京兆尹，還具有軍事上的職能，縣的配置方式以防備東方諸侯國為主。〔註40〕

2. 東漢河南尹

新莽時將郡太守改稱「太尹」，及末年，群雄混戰，稱帝者不少，為求自身政權的正統性，將根據地長官改稱「尹」者多，光武帝劉秀亦是其中之一，將洛陽郡改稱「河南尹」，屬司隸校尉管轄，兼有繼承西漢政權的宣示意味，特點是掌握京畿倉敖的管理權；〔註41〕在地位上，東漢河南尹與西漢京兆尹相同。〔註42〕

3. 魏晉南北朝時期的北魏與南朝首都長官

（1）北魏河南尹

北魏河南尹地位大致仿效漢、晉之制，〔註43〕特點是會加將軍號、兼任他官，兼職範圍從中央到地方官皆有，中央官以三公為主，地方官則為長史、別駕與州刺史。〔註44〕

〔註39〕嚴耕望，《中國地方行政制度史·甲部——秦漢地方行政制度》（臺北：中央研究院歷史語言研究所，民國79年），頁98；李興，《兩漢京兆尹研究》，西北大學碩士論文，2012年，頁10～11。

〔註40〕剛紹輝，《兩漢京兆尹研究》，陝西師範大學碩士論文，2012年5月，頁21。

〔註41〕陳夢，《東漢河南尹研究》，魯東大學碩士論文，2016年，頁9～10。

〔註42〕張鶴泉，〈東漢時期的河南尹〉，《秦漢研究》（西安：三秦出版社，2007年），第2輯，頁58～64。

〔註43〕衛麗，《魏晉北朝河南尹研究》，山東大學碩士論文，2006年，頁11。

〔註44〕衛麗，《魏晉北朝河南尹研究》，頁40～45。

（2）南朝丹陽尹

南朝自東晉以來，除梁元帝都江陵外，皆以建康為首都。東晉改丹陽太守為尹是在大興元年（318），地位、職掌大抵因革沿襲，管轄範圍廣，對地方行政措意甚少，著重在軍事職權，任用者多以高門、親近之臣、宗室，任期短，反應政局混亂，而自蕭齊至陳，多宗室任丹陽尹，象徵著皇權回歸。〔註45〕

4. 唐朝京兆尹

唐朝初期，繼承隋制，置京兆牧，以親王為之，或不出閣，以長史知府事；〔註46〕京兆尹，隋恭帝義寧元年（617）時改京兆郡為雍州，以別駕領州事，唐太宗貞觀二十三年（649），改別駕為長史，唐玄宗開元元年（713）改雍州為京兆府，改長史為京兆尹，總領府事。〔註47〕

京兆尹的職掌，可分為一般、特殊、使職三部分。一般執掌，同地方郡守，主要為民政、治安與司法、人事和考課；〔註48〕特殊執掌，因京兆府為中央政府所在地，有來自皇帝，或者朝廷各機構交辦事物，也有臨時性工作，而臨時性工作中有部分轉為經制，或由使職形態令京兆尹執行。〔註49〕唐中宗以後，使職差遣越來越多，京兆尹常以兼領使職的方式，執行皇帝或中央政府交辦事務，並由此凸顯京兆尹具備中央與地方官雙重性的特點，以及與唐代政局發展的密切關係。〔註50〕

除上述三項，京兆尹還兼領朝廷定制職官，兼任官職集中在御史大夫與六部尚書、丞郎，其次為節度使和九寺卿。兼任御史大夫的目的，在於提升京兆尹的地位，以鎮懾王公大臣、豪門貴戚，使其施政順遂；兼任尚書、丞郎，主要集中為吏、戶、刑、工，有藉由六部權責，掌握京畿乃至關中地區之

〔註45〕 何毅群，〈東晉南朝丹陽尹述論〉，《南京曉莊學院學報》，2008 年第 1 期，頁 41～46。

〔註46〕 （後晉）劉昫，《舊唐書》（北京：中華書局，1975 年），卷 44，志 24，〈州縣官員・京兆太原河南等府〉，頁 1915～1916：「京城守，秦曰內史，漢曰尹，後代因之。隋為內史。武德初置牧，以長史總府事。開元初，雍、洛、并改為府，乃昇長史為尹，從三品，專總府事也。」

〔註47〕 （宋）王溥，《唐會要》（臺北：世界書局，民國 63 年），卷 67，〈京兆尹〉，頁 1186，稱為「西京長史」；《舊唐書》卷 106，列傳 56，〈張暐傳〉，頁 3248：「其年十二月，改元開元，以雍州為京兆府，長史為尹。暐首遷京兆尹，入侍宴私，出主都政，以為榮寵之極。」

〔註48〕 張榮芳，《唐代京兆尹研究》（臺北：臺灣學生書局，民國 76 年），頁 25～35。

〔註49〕 張榮芳，《唐代京兆尹研究》，頁 35～42。

〔註50〕 張榮芳，《唐代京兆尹研究》，頁 42～45。

意；兼任九寺卿，集中在唐初，因其承辦中央政府庶務，兼京兆尹較易推動，〔註51〕時間不同，其兼職亦有不同意義。

5. 五代時期的開封尹

五代時期，除後唐定都洛陽以外，其餘四朝均以開封為國都，且分為政治上的首都開封，與宗教上的首都洛陽，已在本章第一節提及，此處不再贅述。

由於史料不足，無法得知五代時期開封尹的地位如何，唯一能確定的是，以親王為開封尹，被視為皇位繼承人的象徵，兩宋多少承襲此一習俗。〔註52〕

6. 北宋權知開封府

如前述五代時期開封尹的象徵意義，北宋初期太祖、太宗二朝以親王尹京，以示為皇位繼承人，但這是在皇帝還能視事、且有成年皇子在世的情況下才得以實踐，且這種象徵形式也逐漸為資善堂、王府宮學取代，宋太宗時的「幕府舊臣」作用轉為「藩邸舊臣」型態，新的祖宗之法確立了皇位繼承人及其未來的執政團隊，真宗以後「亂世的邏輯」宣告結束，新成立的制度以大排行封爵，採取理性、人性化的方式選立皇位繼承人，使皇位交接不致發生內亂，〔註53〕這是繼承五代遺產後又有創新之處，開封府不再需要親王尹京，進入以非宗室士大夫「權知開封府」時期，這點至宋徽宗崇寧改稱牧（親王）、尹（非宗室），實則未有本質上的變化。宣和七年（1117）立太子桓（欽宗）為開封牧，乃是因金人入寇，徽宗欲內禪之張本。〔註54〕

〔註51〕張榮芳，《唐代京兆尹研究》，頁 71～78。

〔註52〕尹承，《亂世的邏輯：五代皇位傳襲研究》，山東大學碩士論文，2010 年，頁 33～37、49～55。

〔註53〕尹承，《亂世的邏輯：五代皇位傳襲研究》，山東大學碩士論文，2010 年，頁 55。

〔註54〕劉靜貞，《北宋前期皇帝和他們的權力》）（臺北：稻鄉出版社，民國 85 年），頁 93～95；鄭壽彭，《宋代開封府研究》，頁 53～60；蔣復璁，〈宋太宗晉邸幕府考〉，收於氏著《宋史新探》，頁 73～99；趙英華，〈略論宋代皇儲的教育與培養〉，《蘭州學刊》，2007 年第 7 期，頁 182～185；夏令偉，〈論史浩的兩次拜相及其原因——史氏相權與趙氏宮廷的關係研究之一〉，《浙江海洋學院學報·人文科學版》，27 卷第 1 期，2010 年，頁 40～45；夏令偉，〈史浩拜相模式的傳承與其子史彌遠的獨相——史氏相權與趙氏宮廷的關係研究之二〉，《西華大學學報·哲學社會科學版》，29 卷第 4 期，2010 年，頁 7～10。

（1）開封府的轄境

　　北宋初期承襲五代制度，首都開封府及其屬縣統稱為「開封府界」，以真宗景德三年（1006）「始命朝臣提點開封府界諸縣鎮公事」，為分界點，〔註55〕開封府界有了專門管理機構，開封府的權力大多及於城內。〔註56〕宋英宗治平二年（1065）後，明確區分為「在京」、「開封府界」；又以北宋施行強幹弱枝國策，開封府長官多以資歷、威望低淺者擔任，稱為「權知」，轄境亦縮減，僅限城內，城外縣、鎮歸開封府界（京畿路）提點官（轉運使、提點刑獄）管轄，〔註57〕開封府界被視為中央直轄區，地位等同外在路分，〔註58〕開封府的管轄範圍，僅限城區，並依「在京諸法」，成為中央管轄之下的特區，權知開封府是中央常參官。〔註59〕

（2）開封府的職掌

　　權知開封府以「待制以上充」，掌畿甸尹正之事，包括司法、戶口、賦役、僧道禁令與其帳籍，〔註60〕其權力所及範圍和僚屬，據《宋史》載：

> 其屬有判官、推官四人，日視推鞫，分事以治，而佐其長。領南司者一人，督察使院，非刑獄訟訴則主行之。司錄參軍一人，折戶婚之訟，而通書六曹之案牒。功曹、倉曹、戶曹、兵曹、法曹、士曹參軍各一人，視其官曹分職蒞事。左右軍巡使、判官各二人，分掌京城爭鬥及推鞫之事。左右廂公事幹當官四人，掌檢覆推問，凡鬥訟事輕者聽論決。領縣十有八，鎮二十有四，令佐、訓練、征榷、監臨、巡警之官，知府事者率統隸焉。分案六，置吏六百。〔註61〕

所領縣數，北宋歷朝皇帝在位時多有增減，最少時14，最多時22，〔註62〕實

〔註55〕（宋）李燾，《長編》卷62，真宗景德三年三月己巳條，頁1393。

〔註56〕開封府掌握派遣至開封府界捕盜官吏的賞罰權，見《宋史》卷166，志119，〈開封府〉，頁3942。

〔註57〕李之亮，〈北宋開封府界提點官考〉，《華北水電水利學院學報・社科版》，18卷第1期，2002年，頁59～61；賈玉英，《唐宋時期地方政治制度變遷史》，頁93～112。

〔註58〕賈玉英，《唐宋時期地方政治制度變遷史》，頁57；開封府界被視為中央直轄區，見同書，頁96～98。

〔註59〕《宋會要》儀制2之2，〈常參起居〉，冊4，頁2318。

〔註60〕《宋史》卷166，志119，〈開封府〉，頁3941～3942。

〔註61〕《宋史》卷166，志119，〈開封府〉，頁3942。

〔註62〕李樂，《北宋開封知府研究》，廣西師範大學碩士論文，2011年，頁5～6。

際由開封府管轄的只有附郭 2 縣的城內事務；〔註 63〕由於人口擴張，超過城內容納極限，城外開始有平民定居，與開封「舊城」對應，稱為「新城」，分為九廂，由開封府置吏管理，〔註 64〕開封府的管轄區域因此增加。

北宋權知開封府的職權範圍，全為府州首長在城市內的職務，與地方府州相似；〔註 65〕所不同者，除前述奠定特區地位的「在京諸法」、常參官外，還有提供朝廷春牛入禁中的義務；〔註 66〕對府政的重視先後次序，周寶珠認為首重司法，其次錢糧。〔註 67〕

此外，權知開封府還兼任橋道頓遞使、勸農使、功德使。〔註 68〕橋道頓遞使，是宋初沿用唐、五代舊制，即大禮使、禮儀使、儀仗使、鹵簿使、頓遞使，為禮儀五使，宋增「橋道」二字，〔註 69〕橋道頓遞使主管皇帝出行路線的制訂、道路的整備、生活起居，以及皇帝、后喪禮道路整備，此職在北宋一朝於宰執、知府間搖擺不定，大致以京府尹、侍從以上為選定原則；〔註 70〕勸農使是知州、通判、轉運使副兼任的差遣，「大者為勸農使，小者兼勸農事」；〔註 71〕功德使，乃承襲唐舊制，〔註 72〕在京師由首長兼任，〔註 73〕為管理僧道籍、寺觀住持任命的職務，下轄左右街僧錄司。〔註 74〕

〔註 63〕周寶珠，《宋代東京研究》，頁 68～69。

〔註 64〕（宋）李燾，《長編》卷 70，真宗大中祥符元年十二月庚戌條，頁 1582，此時新置廂數為 8；至大中祥符二年增為 9 廂，見《宋會要》方域 1 之 13，〈東京雜錄〉，冊 15，頁 9272。

〔註 65〕苗書梅，〈宋代知州及其職能〉，《史學月刊》，1998 年第 6 期，頁 44～46。

〔註 66〕（宋）孟元老撰，鄧之誠注，《東京夢華錄注》（香港：商務印書館，民國 50 年），卷 6，〈立春〉，頁 171；（宋）吳自牧，《夢梁錄》卷 1，〈立春〉，頁 5。

〔註 67〕周寶珠，《宋代東京研究》，頁 68。

〔註 68〕勸農使、功德使，見《宋會要》職官 37 之 4，〈開封尹〉，冊 7，頁 3964。橋道頓遞使，見《文獻通考》卷 71，〈郊社四〉，頁 643。

〔註 69〕（宋）李燾，《長編》卷 4，太祖乾德元年八月癸未條，頁 102。

〔註 70〕（元）馬端臨，《文獻通考》，〈郊〉，頁 643；同前書，卷 127，〈山陵葬禮·發引〉，頁 1136。

〔註 71〕（宋）吳泳，《鶴林集》（臺北：臺灣商務印書館，民國 75 年），卷 39〈寧國府勸農文〉，2b，收於《文淵閣四庫全書》，冊 12，頁 79。

〔註 72〕（宋）王溥，《唐會要》（北京：中華書局，1955 年），卷 49，〈僧尼所隸〉，頁 860。

〔註 73〕（唐）唐文宗，〈條流僧尼敕〉，收於《全唐文》（北京：中華書局，1987 年），卷 74，頁 778。

〔註 74〕（宋）李燾，《長編》卷 228，神宗熙寧四年十一月戊戌條，頁 5545。

（3）權知開封府的地位

權知開封府在朝廷中的地位，可以從奏事順序來判斷。《宋會要》載：

> 國朝之制，垂拱殿受朝，先宰臣升殿奏事，次樞密使，次三司，次
> 開封府，次審刑院，次群臣，以次升殿。〔註75〕

奏事順序僅次於宰執、三司，排在第四位，在審刑院、群臣之前，以少卿以上充，〔註76〕可知其地位之高。

二、臨安府的地位

建炎南渡後，宋之國策略有調整，形成由陝川邊衛、襄陽聯衛、兩淮前沿、江湖兩廣內陸、兩浙福建核心，背海立國的防衛體制，〔註77〕行在所臨安府受各防線保護之餘，亦肩負起支援四川以外各防區的工作，這點和北宋的同心圓核心地理形勢有所異同。〔註78〕

臨安府的地位，據近人研究認為，低於北宋國都開封府，組織架構屬於地方政府的層級，主要著眼於臨安府府官設置與開封府有明顯差異，大多保留府州建制，這是因為在政治上，仍以東京開封府為國都，臨安府僅是「行在所」，以示恢復之意。〔註79〕與開封知府不同之處為，臨安知府兼浙西安撫使，在京畿範圍內的軍事權力擴增，同時也成為朝廷供需事務的管理機構。〔註80〕然而，以乾道七年（1171）皇太子判臨安尹為分界點，儘管仍稱為「行在所」，將臨安視為國都此一事實也為皇帝所默認，據周必大撰〈皇太子領臨安尹制〉載：

> 門下：正萬邦者係乎世子，任蓋重於元良；本諸夏者由乎京師，治兼
> 資於首善。朕紹休列聖，駐蹕三吳。惠我無疆，方毓少陽之德；施於
> 有政，俾臨象日之封。皇太子某秀稟五行，生知三善。勉勉義方之訓，
> 孜孜仁孝之端。惟通乎古者，必有以驗於今；惟深於道者，必有以形

〔註75〕《宋會要》儀制1之1，〈垂拱殿視朝〉，冊4，頁2297。

〔註76〕《宋會要》職官37之4，〈開封尹〉，冊7，頁3964；以待制以上充，則稱「權
　　　　發遣」，翰林學士及雜學士以上稱「權知」，見《文獻通考》卷63，職官考17，
　　　　〈京尹‧三輔〉，頁567

〔註77〕劉子健，〈背海立國與半壁山河的長期穩定〉，收於氏著《兩宋史研究彙編》，
　　　　頁25～28。

〔註78〕北宋國都開封因位於國土中央，又行強本弱末國策，故整體資源分配呈現以
　　　　國都為中心的同心圓形態，這與南宋偏安的領土格局、軍事防禦政策導致的
　　　　地方增權不同，見余蔚，《宋代地方行政制度研究》，頁191～195。

〔註79〕龔延明，〈南宋行在所臨安府研究〉，《中原文化研究》，2018年第3期，頁70。

〔註80〕賈玉英，《唐宋時期地方政治制度變遷史》，頁57～58。

於事。肆考南衙之故實，一新大尹之多儀。視膳問安，進則展事親之
敬；牧人馭眾，退而觀率下之能。諒赤縣之均歡，俟斑輪之布政。豈
特澄源端本，示郡國之樞機；庶幾自邇及遐，流邦畿之風化。若時成
憲，匪朕私恩。宜令皇太子某領臨安尹，主者施行。〔註81〕

該文中提及京師為首善之地，以及當前駐蹕三吳之地，並提及太子尹京的典
故，將三者連貫，已有將臨安府視為國都之意。

又據王師愈所上〈言太子不當領臨安府尹疏〉載：

臣恭惟陛下長慮遠識，早建儲宮，立天下大本，以為社稷宗廟永永
無疆之休，甚盛舉也。至乃參用至道故事，命皇太子領臨安府尹，
外間未能深諭……臨安府尹一州長吏耳，非所以浼皇太子之尊，而
示天下廣大也……且太上南渡以來，臨安止暫為駐蹕之地，所以不
為建都立邑之制者，誠以繫中原之望。兼今日臨安府事，與舊日京
尹大段不同。今陛下方以恢復神京自任，建儲之際，乃首舉尹京故
事於臨安，四方安知聖意所在，皆曰臨安已作京師，無恢復意矣，
豈不絕中原之望，疑四海之心？〔註82〕

王師愈在奏疏中把臨安府僅視為一州之首長，不是安置皇太子的恰當職位，
以及若引太子尹京的故事為今日事之張目，勢必會坐實偏安之意。

在稱呼上，除將臨安府稱為「京師」，見於任命知府的詔書，〔註83〕另有
「天府」、「京兆」等稱謂，〔註84〕足見與地方府州軍監不同。

從法律角度來看，宋朝的法律是多元結構的，儘管宋廷重視立法的統一
性，以海行法為標準來修訂特別法，在特別法與海行法未盡一致時，會參考
海行法來修立特別法，也存在海行法有缺漏時，用特別法條文升格為海行法

〔註81〕（宋）周必大，《盧陵周益國文忠公集》（北京：線裝書局，2004 年），卷 102，
〈皇太子領臨安尹制〉，7a～7b，收於《宋集珍本叢刊》，冊 52，頁 106。

〔註82〕（宋）王師愈，〈言太子不當領臨安府尹疏〉，收於（明）黃淮、楊士奇編，
《歷代名臣奏議》（上海：上海古籍出版社，1989 年），卷 73，頁 1023～1024。

〔註83〕（宋）馬廷鸞，《碧梧玩芳集》（北京：中華書局，2004 年），卷 5，〈顯謨閣
待制兩浙路轉運趙與訔特授尚書戶部侍郎兼知臨安府制〉，1a，收於《宋集珍
本叢刊》，冊 87，頁 415：「治常賦者民部，建首善者京師。」

〔註84〕天府、京兆之稱，見（宋）洪适，《盤洲文集》（北京：線裝書局，2004 年），
卷 23，〈薛良朋知臨安府制〉，5a，收於《宋集珍本叢刊》，冊 45，頁 187；又
見於（宋）蔡幼學，《育德堂外制》（臺北：新文豐出版公司，民國 78 年），
卷 3，〈趙善宣知臨安府制〉，7b，收於《叢書集成續編》，冊 54，頁 690。

的情況；在修纂特別法時，為了讓法律規範的內容體現出整體性與系統性，便於法律執行時的適用，海行法的條文往往會被吸收入內，而部分海行條文還會因為某一領域的特別法存在立法空白，被修入這一特別法，以發揮「準用」的效果；儘管宋廷屢屢申明特別法不得修入海行法，但因為海行法本身的部分內容帶有特別法的屬性，在修法時兩者不易區分，甚至會進一步呈現出「海行法條文→特定事務之法→海行法篇章」以及「海行法篇章→特定事務之法」等發展脈絡。相較海行法、特定事務之法、特定地域之法、特定官司之法外，在京法具相對獨立性，以在京諸司、官員群體為規範對象，又可細分為「在京通用」和「在京某某」兩種類型，前者對應「海行法」，後者對應「特定事務之法」，臨安府沿襲北宋開封府，用名為「在京法」的一系列特別法，作為管理臨安城內及郊區的法源依據，紹興初年修訂《紹興重修在京通用勅令格式》，〔註85〕城內及轄縣居民，下至平民百姓，上至皇親國戚，皆適用在京諸法，而非行之州縣的海行法，由此複雜的法律結構，方能貫徹宋朝「事為之防，曲為之制」的祖宗之法，達到法治行政的法律極限。〔註86〕

　　知府的地位，較北宋權知開封府來得提升。馬端臨稱「多卿監、從臣兼」，〔註87〕蔡幼學亦稱「惟今天府，率用從臣」，〔註88〕自皇太子（光宗）判

〔註85〕　《宋會要》刑法1之38至39，〈格令二〉，冊14，頁8252；又見《宋會要》職官24之38至39，〈大理寺〉，冊6，頁3676：「（淳熙）十六年十二月三日，監察御史林大中言：『……去年有南藥局庫子張謹偷盜本局湯藥，太府寺牒解臨安府究治，府司檢準《在京通用令》，諸官司事應推斷者送大理寺，或於官物有犯者準此，遂將張謹押還。近時六曹寺監庫務情弊稍多，所轄之官重於取旨，欲送大理寺，則礙指揮而不敢；欲送臨安府及兩屬縣，則執《通用令》而不受。臣以謂：六曹寺監所轄如有情弊，各稟白其長貳，酌量事理輕重。其輕者姑送府縣，其稍重者徑送大理寺，其最重者取旨送寺，重作施行，庶幾百司知懼，姦弊戢（息）。』詔遵依乾道七年四月七日指揮，其情理輕者送臨安府并兩屬縣施行。」《宋會要》刑法4之44，〈配隸〉，冊14，頁8470：「（紹興）四年正月二十三日，臣僚言：『車駕駐蹕臨安府，即與開封府事體無異，若有犯盜合配本府之人，理難止配本府。今欲權行引用在京法，並配近本府州軍。所有臨安府四至州軍有犯罪合配本府之人，亦乞比附罪人不得編配入京條，配臨安府，候車駕回鑾日依舊。』從之。」

〔註86〕　趙晶，〈試論宋代法律體系的多元結構──以宋令為例〉，《史林》，2014年第4期，頁56～59。

〔註87〕　（元）馬端臨，《文獻通考》（北京：中華書局，1986年），卷63，職官考17，〈京尹・三輔〉，頁567。

〔註88〕　（宋）蔡幼學，《育德堂外制》卷3，〈趙善宣知臨安府制〉，收於《叢書集成續編》，冊54，頁690。

臨安府，沈復權工部侍郎兼少尹前，50 人次臨安知府中，只有 8 人次是以卿監從臣兼知臨安府，[註89] 其後始多，故以光宗判臨安府為界。不過，史料未見多卿監從臣兼知臨安府緣由的直接記載，相關論述將在本章第三節述及。

三、臨安府的職掌

臨安府的職掌，《宋史》有概括性的敘述，其文云：

> 本府掌畿甸之事，籍其戶口，均其賦役，頒其禁令。城外內分南北左右廂，各置廂官，以聽民之訟訴。廂官許奏辟京朝官親民資序人充，後以臣僚言，罷城內兩廂官，惟城外置焉。分使臣十員，以緝捕在城盜賊。立五酒務，置監官以裕財。分六都監界分，差兵一百四十八鋪以巡防煙火。置兩總轄，承受御前朝旨文字。凡御寶、御批、實封有所取索，則供進；凡省、臺、寺、監、監司符牒及管下諸縣及倉場等申到公事，則受而理之；凡大禮及國信，隨事應辦，祠祭共其禮料，會聚陳其幄帟，人使往來，辨其舟楫，皆先期飭于有司。

> 領縣九，分士、戶、儀、兵、刑、工六案。內戶案分上中下案，外有免役案、常平案、上下開拆司、財賦司、大禮局、國信司、排辦司、修造司，各治其事。置吏：點檢文字、都孔目官、副孔目官、節度孔目官、觀察孔目官各一名，磨勘司主押官、正開拆官、副開拆官各一人，下名開拆官二名，押司官八人，前後行守分二十一人，貼司三十人。[註90]

執掌範圍大致可粗分為 1. 城市行政，2. 供應朝廷所需，3. 承辦朝廷交付業務，4. 受理內外申到公事，5. 參與外交活動，另有未竟之處，散見於《宋史》及其他文獻，詳細情況將在第四章論述。

第三節　卿監從臣兼知的意義

馬端臨在《文獻通考》中稱臨安府「多卿監、從臣兼」，而未解釋此一原因，宋人著述亦罕見對該現象的解釋，這或許可以認為，對當代人來說，是理所當然、無須特別記載的尋常事，但對現代制度研究者而言是一大問題，

[註89]《咸淳臨安志》卷 47，秩官 5 至 6，〈古今郡守表〉，頁 453～461。
[註90]《宋史》卷 166，志 119，〈臨安府〉，頁 3944。

最終僅能從過去的經驗中，尋找重複之處，進行歷史解釋。〔註91〕

　　所幸，唐朝京兆尹有類似的歷史記載，張榮芳的《唐代京兆尹研究》亦對此現象提出解釋。然而，唐朝的情況畢竟和南宋不一樣，貫穿整個唐代，京兆尹兼任最多的中央職位是御史臺職官，包括御史大夫和御史中丞；其次是尚書省職官，其中以六部尚書為最，次為侍郎，左右丞為殿。〔註92〕

　　南宋時期，中央與地方長期出現跨部門互兼情形，從頂層的宰輔互兼，造成相權集中；〔註93〕監司互兼或兼知州，造成中央集權弱化，〔註94〕這些情況與宋金、宋元戰爭或長期備戰有關，中央和地方權力的對比是，相權擴大、中央對直轄區域的控制力增強，對地方特別是邊陲的控制力減弱。臨安府處在中央核心區，在中央組織架構亦處於中間層級，學者龔延明以知府是否帶「權」來辨別其正任或兼任，〔註95〕兼任臨安知府的中央部會中，沒有御史臺官，主要為卿監和六部長貳，特殊情況下才由執政兼任知府，其次是具有准中央部會性質的兩浙路轉運司。

　　以下便就臨安知府的任官類型進行論述。

一、南宋臨安知府的正任

　　所謂正任，乃是以散官、貼職就任臨安知府，未帶其他中央職事官，分佈在南宋歷朝皇帝任內，最低階者為正七品朝官「朝散郎」；〔註96〕較為特殊的情況是，有以正任就任知府後，在任內兼任中央職事官，如淳熙十二年（1185）的知府張构；〔註97〕或兼任知府，任內免兼中央職事官的情形，如乾

〔註91〕（英）柯靈烏（R.G Collingwod）著，陳明福譯，《歷史的理念》（臺北：桂冠圖書公司，1992 年），頁 372。

〔註92〕張榮芳，《唐代京兆尹研究》，頁 71～72。

〔註93〕梁天錫，〈論宋宰輔互兼制度〉，收於《宋史研究集》（臺北：國立編譯館，民國 58 年），第 4 輯，頁 275～308。具體表現為南宋三省合一、尚書省以「批狀」處理日常政務等情況成常態，見曹家齊，〈南宋「三省合一」體制下尚書省「批狀」之行用〉，《學術研究》，2020 年第 11 期，頁 114～118。

〔註94〕余蔚，〈完整制與分離制：宋代地方行政權力的轉移〉，《歷史研究》，2005 年第 4 期，頁 124～127。

〔註95〕龔延明，〈南宋行在所臨安府〉，《中原文化研究》，2018 年第 3 期，頁 68～69。

〔註96〕《咸淳臨安志》卷 47，秩官 5，〈古今郡守表〉，13b，頁 459。（宋）孫逢吉，《職官分紀》（北京：中華書局，1988 年），卷 48，16b，頁 853；《宋史》卷 168，志 121，〈合班之制〉，頁 4015～4016。

〔註97〕《咸淳臨安志》卷 48，秩官 6，〈古今郡守表〉，5b～6a，頁 462。

道七年（1171）的知府韓彥古。〔註98〕

二、兼任及其類型

1. 由兩浙路轉運使兼知臨安府

宋高宗建炎年間，任命臨安知府並無章法，紹興以後才逐漸形成以具備財經背景的官僚為選擇對象，〔註99〕而兩浙路轉運司為最重要的來源，因臨安府屬京畿特區，兩浙路轉運司又置司於臨安城內，宋高宗希望這兩個轄境和職權上有所重疊的機構能建立起某種程度的合作關係，目的在於避免權責上的混亂，影響中央財政用度。〔註100〕而這一方針，貫穿整個南宋時代，不少臨安知府前任職位即兩浙路轉運司，或直接由運司兼任知府。

2. 由卿監從臣兼知臨安府

學者賈玉英認為，臨安知府兼任卿監從官的模式，是特區朝中央化演變的模式，臨安府成為中央的特區管理機構，並開啟元朝至清朝京畿中央直轄化的先河。〔註101〕

筆者贊同賈玉英氏的見解，稍有所增益，在於臨安府和中央部會間的關係，即「卿監從官兼知」的意義，根據《咸淳臨安志》顯示，以兼職形式成為知府者，是先成為卿監、從官，再兼知臨安府，這是一種上行機構兼任下行機構的模式，目的是節省京畿特區的行政程序、減少公文往來的時間，也可看出朝廷對臨安府轄境事務特別重視，如紹興三十年（1160）臨安府印造東南會子，錢端禮以權戶部侍郎兼知臨安府；〔註102〕淳熙四年（1177）宋孝宗巡幸太學，隨後以校舍舊敝，由南庫支錢 2 萬緡，委臨安知府趙磻老修葺、拓展，淳熙五年（1178）重修訖，趙磻老因而以權工部侍郎兼知臨安府，〔註103〕皆循此理，如《宋會要》所載宋寧宗時之例：

〔註98〕《咸淳臨安志》卷 47，秩官 5，〈古今郡守表〉，14a，頁 459。

〔註99〕梁偉基，《南宋高宗初年（1127～1142）財經官僚與權力結構的關係》，香港中文大學碩士論文，2000 年，頁 56～57。

〔註100〕梁偉基，《南宋高宗初年（1127～1142）財經官僚與權力結構的關係》，香港中文大學碩士論文，2000 年，頁 66～72。

〔註101〕賈玉英，《唐宋時期地方政治制度變遷史》，頁 57～62。

〔註102〕《咸淳臨安志》卷 47，秩官 5，〈古今郡守表〉，10b，頁 457。

〔註103〕《宋會要》禮 16 之 4，〈幸太學〉，冊 2，頁 881；《乾道臨安志》卷 1，〈行在所・學校〉，4b，收於《宋元方志叢刊》，冊 4，頁 3216。

慶元四年十二月五日，詔：「州郡監司選押綱官，須先次拘付身，候獲足鈔給還。如敢違戾，致令失陷數多，在內許戶部、司農寺、在外總領所，其元差不當監司守令及綱官名銜，取旨重行黜責，其當行典吏根斷均陪。」從司農少卿兼知臨安府丁逢之請也。〔註104〕

「付身」是一種身份證明文件，州郡監司選押綱官時必須先收繳此憑證，待綱運無事運抵，確認無誤後才會在上面批示後發還，如運輸過程中損失超過規定，發給付身的監司、守令、綱官都要受處分、賠償損失。此案中，主管機構是司農寺，其下排岸司負責綱運糧草的裝卸，設有監官管理，〔註105〕如發生違規事故，報告必須從排岸司監官、臨安府總轄，再送到司農寺，司農寺取旨後，公文要再經過臨安府總轄，送到官員手中，公文往來，極耗時間，催繳事尚小，如牽涉到牢獄、人命，則事態嚴重，〔註106〕因此由司農少卿兼知臨安府，可以減少公文流程，縮短時間，而由中央部會首長兼任知府，也可看出朝廷對某種政策的執行特別重視。

再談南宋六部尚書的地位問題，六部尚書、侍郎皆為實務性官僚之最高位者，〔註107〕仍有緊要、清閒之分，以吏、戶、刑部事務最為繁劇；禮、兵、工事務較為閒散；〔註108〕然皆為權力中樞，宰執議事、做決策的商討對象，即是六部侍從，這是南宋初期秦檜集團執政時的情況，〔註109〕南宋中晚期開

〔註104〕《宋會要》食貨44之15，〈漕運三〉，冊12，頁7000。

〔註105〕《宋史》卷165，志118，〈司農寺〉，頁3905～3906。

〔註106〕《宋會要》職官26之31，〈司農寺‧四排岸司〉，冊6，頁3704。

〔註107〕（日）寺地遵，《南宋初期政治史研究》，頁329。

〔註108〕兵部、工部為閒散之地，見（宋）章如愚，《群書考索》（臺北：臺灣商務印書館，民國72年），續集卷33，〈官制門‧六尚書〉，19b～20b，收於《文淵閣四庫全書》，冊938，頁422。相關研究，見（日）宮崎市定，〈宋代官制序說──宋史職官志をいかに讀むべきか〉，收於（日）佐伯富編，《宋史職官志索引》（京都：同朋舍，1974年），頁19。

〔註109〕（日）寺地遵，《南宋初期政治史研究》，頁327～238。黃光輝另有不同看法，其認為六部尚書的次序是吏＞禮＞兵＞刑＞戶＞工，六部尚書之間互遷順序又恰好相反，升遷執政的人數以吏部尚書為最，次為禮部尚書，兵部尚書雖然事簡職疏，但因常兼知臨安府，故升遷執政的人數排在第三位，南宋時的戶部因權力被宰執、總領所侵奪，地位一落千丈，工部的情況如戶部，營繕被浙漕、臨安府、修內司侵奪，百工為文思院、軍器所侵奪，見黃光輝，〈從遷轉角度看宋代六部尚書的次序問題〉，《煙台大學學報‧哲學社會科學版》，33卷第2期，2020年，頁93～102。筆者有不同看法，兵部長貳兼知臨安府僅9人次，南宋兵部尚書直升執政6人，戶部卻有41人次，工部20

始，韓侂胄、史彌遠政權重都司，侵奪六部權力，[註 110] 此時期出現許多由中書門下、樞密院（副）都承旨轉任卿監從官再兼臨安知府的情形，足以說明執政集團對該職位的重視；晚期賈似道的執政風格大體如史彌遠集團，而有更甚者，《宋史》載：

> 理宗崩，度宗又其所立，每朝必答拜，稱之曰「師臣」而不名，朝臣皆稱為「周公」。……除太師、平章軍國重事，一月三赴經筵，三日一朝，赴中書堂治事。賜第葛嶺，使迎養其中。吏抱文書就第署，大小朝政，一切決於館客廖瑩中、堂吏翁應龍，宰執充位署紙尾而已。似道雖深居，凡臺諫彈劾、諸司薦辟及京尹、畿漕一切事，不關白不敢行。[註 111]

由此可知，賈似道的集權方式，除延續史彌遠集團的重都司，更甚者為重堂吏、門客，宰執只為「伴食」者，其緊握的權力涵蓋臺諫（監察）、諸司薦辟（人事）、臨安府（事權）、畿漕（財權），其中臨安府亦為賈氏牢牢控制的要害之地，知府任用來源又不同於史彌遠集團，這點將在第二章進行論述。

尚書省五部中，以兼任臨安知府佔第一、二位的戶部、工部為例，戶部的主要職掌為：

> 掌天下人戶、土地、錢穀之政令，貢賦、征役之事。以版籍考戶口之登耗，以稅賦持軍國之歲計，以土貢辨郡縣之物宜，以征榷抑兼并而佐調度，以孝義婚姻繼嗣之道和人心，以田務券責之理直民訟，凡此歸於左曹。以常平之法平豐凶、時斂散，以免役之法通貧富、均財力，以伍保之法聯比閭、察盜賊，以義倉振濟之法救饑饉、恤艱阨，以農田水利之政治荒廢、務稼穡，以坊場河渡之課酬勤勞、省科率，凡此歸於右曹。尚書置都拘轄司，總領內外財賦之數，凡錢穀帳籍，長貳

人次（見附表 2 各兼職人次統計），這不太能反映兵部尚書升遷執政的實情，而六部中兼知臨安府次數最多的反而是名次靠後的戶、工部，筆者較傾向臨安知府一職是種「考核」，作為升遷執政的資歷，比較能表現「輔弼之儲」的意義，也說明南宋有意提升臨安知府地位，卻又不想提太高，而戶、工部業務又與財政、工程、作坊息息相關，這也符合劉子健形容南宋政治文化「一個政策帶有多重目的」的論述，見劉子健，〈背海立國與半壁山河的長期穩定〉，收於氏著《兩宋史研究彙編》，頁 29～30。

[註 110] （日）小林晃，〈南宋寧宗朝における史彌遠政権の成立とその意義〉，《東洋學報》，91 卷第 1 号，2009 年，頁 57～59

[註 111] 《宋史》卷 474，列傳 233，〈賈似道傳〉，頁 13783。

選吏鈞考。其屬三：曰度支，曰金部，曰倉部。〔註112〕

戶部的職掌包括稅、役、版籍戶口田產及產權訴訟、財政預算及出納、社會保障、倉場庫務、水利設施及其考課權，其中「總內外財賦之數」的「內」，推測即將臨安府包含在內，為戶部長貳兼知提供合理解釋。

其次為工部，《宋史》載其執掌內容為：

掌天下城郭、宮室、舟車、器械、符印、錢幣、山澤、苑囿、河渠
之政。凡營繕，歲計所用財物，關度支和市；其工料，則飭少府、
將作監檢計其所用多寡之數。凡百工，其役有程，而善否則有賞罰。
兵匠有闕，則隨以緩急招募。籍坑冶歲入之數，若改用錢寶，先具
模製進御請書。造度、量、權、衡則關金部。印記則關禮部。凡道
路、津梁，以時修治。〔註113〕

工部的工作大部分與土木、建築工程、鑄幣、製造器械有關，在「內」的部分職掌與臨安府重疊，施工所需人力、物料徵調都是由臨安府和浙漕承辦，因此由工部長貳兼知臨安府亦為頗合理的差遣方式。

再舉七寺中兼任知府第一、二位的太府、司農二寺為例，太府寺的職掌，據《宋史》云：

卿掌邦國財貨之政令，及庫藏、出納、商稅、平準、貿易之事，少
卿為之貳，丞參領之。凡四方貢賦之輸于京師者，辨其名物，視其
多寡，別而受之。儲於內藏者，以待非常之用；頒于左藏者，以供
經常之費。凡官吏、軍兵奉祿賜予，以法式頒之，先給曆，從有司
檢察，書其名數，鈞覆而後給焉。供奉之物，則承旨以進，審奏得
畫，乃聽除之。若春秋授軍衣，則前期進樣，定其頒日，畿內將校
營兵支請，月具其數以聞。凡商賈之賦，小賈即門征之，大賈則輸
於務。貨之不售者，平其價鬻於平準，乘時賒貸以濟民用；若質取
於官，則給用多寡，各從其抵。歲以香、茶、鹽鈔募人入豆穀實邊。
即京都闕用物，預報度支。凡課入，以盈虧定課最，行賞罰。大祀，
晨裸則卿置幣，奠玉則入陳玉帛，餘祀供其帨巾。分案九，置吏六
十有五……中興後，所隸惟有糧料院、審計司、左藏東西庫、交引
庫、祇候庫、和劑局、惠民局如前制所置。左藏南庫，係樁管御前

〔註112〕《宋史》卷163，志116，〈戶部〉，頁3847。
〔註113〕《宋史》卷163，志116，〈工部〉，頁3862。

激賞庫改。以侍從官提領，又置提轄檢察官一員。編估局、打套局、
二局係揀選市舶香藥雜物等第，會其直以待貿易。寄樁庫，掌發賣香藥、
匹帛，拘其直歸于左藏南庫。置監官提領二人。〔註114〕

由上述可知，太府寺掌管財政、經濟事務的實際運作，其中最重要的五項為
文武官員、士兵的薪俸錢帛的發放，官營藥局的經營管理，各式票據和東南
會子的發行，物資調度、申報以及管理經常、緊急經費，其中涉及「內」的部
分大部分需要臨安府配合，為簡省關報程序所費時間，由太府寺長貳兼知臨
安府似為合理的選擇。

七寺中兼任知府第二位的司農寺，其執掌見《宋史》所載：

卿掌倉儲委積之政令，總苑囿庫務之事而謹其出納，少卿為之貳，
丞參領之。凡京都官吏祿廩，辨其精粗而為之等；諸路歲運至京師，
遣官閱其名色而分納于倉庾，薰秸則歸諸場，歲具封樁、月具見存
之數奏聞；給兵食則進呈糧樣，因出納而受賕刻取者，嚴其禁；有
負失者，計其虧數上于倉部。凡諸路奏雨雪之闕與過多者，皆籍之。
凡苑囿行幸排比及薦饗進御、頒賜植藏之物，戒有司先期辦具，造
麴蘖、儲薪炭以待給用。天子親耕藉田，有事于先農，則卿奉耒耜，
少卿率屬及庶人以終千畝。分案六，置吏十有八……乾道三年，詔
糧綱有欠，從本寺斷遣監納，情理重者，大理寺推勘。分案五，南
北省倉、草料場、和糴場隸焉。監倉官分上中下界，司其出納。諸
場皆置監官。外有監門官，交量則有檢察斛面官，綱運下卸有排岸
司官，各分其事以佐本寺。豐儲倉所，置監官二員，監門官一員。
初，紹興以上供米餘數，樁管別廩，以為水旱之助，後又增廣收糴。
淳熙間，命右司為之提領，後以屬檢正，非奉朝廷指揮不許支撥。
別置赤曆，提領官結押，不許袞同司農寺收支經常米數。凡外州軍
起到樁管米，從司農寺差官盤量，據納到數報本所樁管。監官、監
門官遇考任滿，所屬批書外，仍于本所批書，視其有無欠折，以定
其功過。在外，則鎮江、建康亦置倉焉。〔註115〕

由上文可知司農寺的職掌大多與倉儲有關，負責監督管理京師百官糧草、薪炭
等物資、管理綱運上供米等，倉儲、綱運皆需要大量的空間、人手，提供土地、

〔註114〕《宋史》卷165，志118，〈太府寺〉，頁3906～3907、3909。
〔註115〕《宋史》卷165，志118，〈司農寺〉，頁3904、3906。

人力、建築等事務皆與臨安府重疊，為縮短關報程序，故兼知臨安府似為合理。

在尚書五部、七寺外，較特別的情況是軍器監、將作監兼知臨安府。軍器監、將作監在南宋時，大部分的業務併入工部，兩監業務清閒，未裁併的理由是，將其作為「儲材」機構，[註116] 以兩監兼知臨安府者，象徵意義較大。

3. 執政兼知臨安府

由執政官兼知臨安府的情況極少，只有在特殊情況下才會任命，紹定三年（1230）的袁韶、景定二年（1261）的馬光祖、德祐年間（1275～1276）的曾淵子、賈餘慶、家鉉翁。

（1）袁韶（1161～1237）

袁韶字彥淳，慶元府（鄞縣）人，淳熙十四年（1187）進士，兩任臨安知府，「理訟精簡，道不拾遺，里巷爭呼為『佛子』，平反冤獄甚多」，[註117] 擁有不錯的聲望。不過在嘉定年間知府任內的斂財政策、為固權而勾結史彌遠的行徑，受到後人詬病。[註118] 其師承袁燮，又為史彌遠同鄉、同年進士，即為其受史彌遠重用的原因，後因李全叛變事件，被史彌遠懷疑有逼己之嫌而罷政、與祠，[註119] 可以說他的飛黃騰達與沒落，與史彌遠息息相關。[註120]

袁韶在紹定年間，以同知樞密院事兼知臨安府，與李全叛變有關，[註121]

〔註116〕《宋史》卷 165，志 118，〈軍器監〉，頁 3920～3921；同書，卷 165，志 118，〈將作監〉，頁 3919～3920。

〔註117〕《宋史》卷 415，列傳 174，〈袁韶傳〉，頁 12451。

〔註118〕（元）劉壎，《隱居通議》（臺北：新文豐出版公司，民國 75 年）卷 11，〈三賢堂題詠〉，收於《叢書集成新編》，冊 8，頁 418。

〔註119〕（宋）胡榘，《寶慶四明志》（北京：中華書局，1990 年），卷 10，〈敘人下‧進士〉，9a，冊 5，頁 5118；（元）袁桷，《延祐四明志》（北京：中華書局，1990 年），卷 5，〈人物考中‧先賢〉，12b～14a，冊 6，頁 6207～6208；《宋史》卷 415，列傳 174，〈袁韶傳〉，頁 12451；《宋史》卷 477，列傳 236，〈李全下〉，頁 13842～13843；（日）小林晃，〈南宋理宗朝前期における二つの政治抗争──『四明文献』から見た理宗親政の成立過程〉，《史學》，79 卷第 4 期，2010 年，頁 31～60。

〔註120〕紹定六年，史彌遠去世，朝廷掀起清算史彌遠及其黨羽的風潮，袁韶亦為被清算者之一，參見《宋史》卷 41，本紀 41，〈理宗一〉，頁 799；袁韶被視為史彌遠心腹，參見《宋史》卷 415，列傳 174，〈王遂傳〉，頁 12462。

〔註121〕《宋史》卷 477，列傳 236，〈李全下〉，頁 13842；史彌遠集團決心討伐李全，為鄭清之、袁韶先求得理宗同意，才告知史彌遠，參見方震華，〈轉機的錯失──南宋理宗即位與政局的紛擾〉，《臺大歷史學報》53 期，2014 年，頁 27～28。

由於李全派門客穆椿縱火，燒毀臨安御前軍械庫，[註122]又進攻揚州，臨安府人心惶惶，至有逃難者，為鎮遏人心，故由袁韶以同知樞密院事兼知臨安府。[註123]

（2）馬光祖（生卒年不詳）

馬光祖，字華父，婺州金華人，寶慶二年（1226）進士，為真德秀（1178～1235）門人，歷任浙東提舉常平、浙西提刑、淮東總領、淮西總領、荊湖制置使兼知江陵府、沿江制置使兼知建康府兼行宮留守、臨安知府等職，官至知樞密院事兼參知政事。[註124]

宋理宗在位期間，戰火幾未停歇，先是聯蒙滅金，端平入洛後與蒙古交戰，開慶、景定，蒙古由四川、雲南、兩淮全線進攻，南宋朝廷震動，甚至有遷都之議，賈似道、馬光祖等人皆以防守有功而飛黃騰達。[註125]賈似道，南宋最後的權相，傳統評價很差，近人研究稍為其平反；[註126]不過宋理宗在世時仍獨攬乾綱，賈似道成為權相、樹立政治霸權，是在擁立度宗之後，[註127]景定年間的馬光祖，才學、聲望不下於賈似道；賈似道亦以馬光祖為政治上的對手。[註128]

景定二年（1261）十一月，馬光祖以觀文殿學士、提領戶部財用兼知臨安府，旋即除同知樞密院事、太子賓客、提領戶部財用、兼知臨安府，據其任命制書載：

修介圭之觀，方委寄以浩繁；借前籌而籌，遂延登於宥密。乃敷播

〔註122〕《宋史》卷477，列傳236，〈李全下〉，頁13841。

〔註123〕（元）袁桷，《延祐四明志》，卷5，〈人物考中·先賢〉，13b，冊6，頁6207。

〔註124〕《宋史》卷416，列傳175，〈馬光祖傳〉，頁12485～12488。

〔註125〕李天鳴，《宋元戰史》（臺北：食貨出版社，民國77年），冊2，頁723～774；陳智超，〈1258年前後宋、蒙、陳三朝間的關係〉，收入氏著《宋史十二講》（北京：清華大學出版社，2010年），頁9～47。

〔註126〕傳統評價，見《宋史》卷474，列傳233，〈賈似道傳〉，頁13779～13780。（德）傅海波（Herbert Franke），〈賈似道（1213～1275）：一個邪惡的亡國丞相？〉，收於《中國歷史人物論集》（臺北：正中書局，1973年），頁298～324；劉子健，〈包容政治的特點〉，收於氏著《兩宋史研究彙編》（臺北：聯經出版公司，民國76年），頁58。

〔註127〕楊宇勛，〈宋理宗與近習：兼談公論對近習的態度〉，《中山大學學報·社會科學版》，2014年第6期，頁70～75。

〔註128〕（日）小二田章，〈『咸淳臨安志』の位置——南宋末期杭州の地方志編纂〉，《中國——社會と文化》28卷，2013年，頁126。

告，以示褒崇。具官某：挺傑魁間出之材，稟光嶽未分之氣，出而召、畢，入則夔、龍。全江淮，濟中興，既勞還於天塹；先京師，後諸夏，重尹正於日畿。然張其目必先舉其綱，作而行孰若坐而論。疇咨公議，擢副本兵。朕欲周密樞機，爾叶心於邴、魏；朕欲彈壓輦轂，爾接踵於敞、尊。智略之所經綸，威稜之所震讋，內全活溝中之瘠，外掃清塞下之塵。運堂上之兵，賴有若人；扣囊底之智，足辦此事。至於米鹽凌雜，又其土苴緒餘。民貧宜弛已張之弓，政弊宜調久膠之瑟。噫！韓、富同升樞府，皆練習於邊情；歐、蔡兼領開封，尤精勤於吏事。顧如舊德，奚愧前修。可。〔註129〕

從上文可知，宋理宗看重其才幹、學識，而將兵權、財權，以及京師特區的治理託付給馬光祖。由此亦可知，景定時期的臨安府，軍權、財權、事權集中。

（3）德祐執政

德祐年間以執政兼知臨安府，共有 2 人，分別為曾淵子（生卒年不詳）、賈餘慶（生卒年不詳），就任時間皆為賈似道蕪湖兵潰之後，可視為戰時體制。其中，曾淵子逃亡，〔註130〕旋即宋恭帝與謝太后即遣賈餘慶、家鉉翁（1213～1297）、謝堂（生卒年不詳）、吳堅（生卒年不詳）、劉岊（生卒年不詳）為祈請使，〔註131〕臨安府開城投降，二年後南宋滅亡。

4. 前宰執

前宰執知臨安府只有一位，即是紹興六年（1136）的呂頤浩（1071～1139）。呂頤浩字元直，其先為樂陵（今山東德州市）人，後徙齊州（今山東濟南），哲宗紹聖元年（1094）進士，曾在徽宗時擔任燕山府路轉運使，金人入侵時被守將郭藥師劫持，金人退兵後得歸，請祠提舉崇福宮；高宗政權建立，除知揚州，歷戶部尚書、吏部尚書等職，建炎二年（1128）簽書樞密院事，紹興元年（1131）同中書門下平章政事、兼知樞密院，〔註132〕紹興六年（1136）十二月以鎮南軍節度使、開府儀同三司、荊湖南路安撫制置大使、兼知潭州改

〔註129〕　（宋）劉克莊，《後村先生大全集》（北京：線裝書局，2004 年），卷 66，〈馬光祖同知樞密院提領戶部財用兼知臨安府制〉，7b～8a，收於《宋集珍本叢刊》，冊 81，頁 505。

〔註130〕　《宋史》卷 214，表 5，〈宰輔四〉，頁 5654～5655。

〔註131〕　《宋史》卷 47，本紀 47，〈瀛國公紀〉，頁 938。

〔註132〕　《宋史》卷 213，表 4，〈宰輔四〉，頁 5546～5551；又見同書，卷 362，列傳 121，〈呂頤浩傳〉，頁 11319～11324。

任浙西安撫制置大使兼知（判）臨安府，[註133]《咸淳臨安志》稱其「處事甚有緒，豪右莫敢犯禁」，政績為置浙江監渡官，以渡船大小決定載客人數，減少渡河的危險性。[註134]

呂頤浩得勢的時期，適逢在不斷的變動中，依政治需要，解決當前課題的情況。在此期間，他所做出的政治決定有四點，1. 在金軍壓力下與禁軍叛亂中保全南宋政權，2. 決定以東南為皇帝駐蹕地——使南宋政權江南化，3. 以鎮壓江南叛亂為當前最高政策目標，4. 引入經制錢、月樁錢等制度，維持國家財政，[註135]可以說，在定都爭議過程中，呂頤浩起了相當大的作用，也讓高宗對杭州留下深刻的印象，[註136]最終選擇奠都臨安。

然而，其長處出現破綻，藩鎮政策令諸將驕橫，兼以江南系士人參政和元祐舊黨逐漸恢復權力，腐蝕了他的政治根基，[註137]使他難以在朝廷中立足，尤其反映在應付金建立之偽齊政權方面；[註138]當其判臨安府時，宋高宗時在建康，[註139]易言之，當時他未處於南宋的中樞，而為擔任確保退路的行宮留守之務。

5. 准執政

（1）趙與籌（？～1260）

趙與籌字德淵，號節齋，宋宗室，太祖十世孫，燕王德昭之後，處州青田（今屬浙江麗水市）人，徙居慈溪（今屬浙江寧波市），嘉定十三年（1220）進士，娶慶元二年（1196）狀元鄒應龍之女，[註140]師承楊簡，受其「不起意」教誨。[註141]曾任嘉興知府、慶元知府兼沿海制置副使、浙西提刑、中書門下

[註133]《宋史·呂頤浩傳》和《咸淳臨安志》皆載呂頤浩「知」臨安府，而《宋史·高宗紀五》載為「判」，據呂頤浩紹興元年已位至宰相，應如是，見《宋史》卷28，本紀28，〈高宗五〉，頁528。

[註134]《咸淳臨安志》卷47，秩官5，〈古今郡守表〉，5b，頁455。

[註135]（日）寺地遵，《南宋初期政治史研究》，頁77～78。

[註136]（日）寺地遵，《南宋初期政治史研究》，頁85。

[註137]（日）寺地遵，《南宋初期政治史研究》，頁105～107。

[註138]（日）寺地遵，《南宋初期政治史研究》，頁111。

[註139]《宋史》卷121，列傳121，〈呂頤浩傳〉，頁11324。

[註140] 娶鄒應龍女，見中華鄒氏族譜編纂委員會，《中華鄒氏族譜》（武漢：崇文書局，2006年），卷1，〈故少保大資政樞密參政鄒公壙志〉，頁136～137。

[註141] 師承楊簡，見（清）李紱，《陸子學譜》（上海：上海古籍出版社，1997年），卷16，〈趙與籌傳〉，26a～31b，收於《續修四庫全書》，冊950，頁584～585。楊簡以「不起意」來解釋孔子「毋意」，見（宋）楊簡，《慈湖遺書》

省檢正諸房公事、臨安知府、平江知府兼淮浙發運使、建康知府兼沿江制置使兼行宮留守、揚州知府兼兩淮安撫制置使等較為重要的職位，卒於景定元年八月（1260），諡忠憲。其父趙希懌（1155～1212），登淳熙十四年（1187）進士，累官至端明殿學士、昭信軍節度使、開府儀同三司，追贈少保，封成國公，諡正惠；其兄趙與願（1192～1220）過繼為宋寧宗養子，即景獻太子；另一兄長趙與懃（生卒年不詳），號蘭坡，嘉熙二年（1238）進士，歷任右司郎中、司農卿兼知臨安府，官至樞密院都承旨，以右文殿修撰奉祠。〔註142〕

　　趙與懃任南宋臨安知府長達12年，是任期最長者，由於他的宗室身份，無法成為宰執，但深受理宗信任，給予執政恩例。其任臨安知府的作用，在於負起臨安府大後方的責任，支援襄、樊收復作戰及重建。〔註143〕

　　（2）厲文翁（生卒年不詳）

　　厲文翁，字聖錫，東陽（今浙江金華）人，寶祐元年（1253）進士，師從葉味道，歷官太府卿、權戶部侍郎，官至朝請大夫、資政殿大學士，封東陽開國侯、食邑六百戶，以經濟之學聞名於世，〔註144〕景定元年（1260）以端明殿學士、兩浙制置使兼知臨安府，旋兼提領戶部財賦，〔註145〕是景定年間，事權、財權集中的象徵。

三、南宋中央的任官型態

1. 關於「權」與「兼知」的意義

　　從制度面的角度來看，大部分兼知臨安府的從官都帶有「權」字，這有「代

（臺北：新文豐出版公司，民國77年），卷15，〈家記九〉，13a～13b，收於《叢書集成續編》，冊130，頁851：「此即孔子毋意，意一起即有過，要無過，但不起意便了，意不起，則此心安然瑩靜虛明。」趙與懃的仕途恪守其師楊簡「不起意」功夫，見同書卷5，〈書雲萍錄趙德淵親書後〉，28a～28b，頁198。

〔註142〕 趙與懃傳生平概略，見《宋史》卷423，列傳182，〈趙與懃傳〉，頁12641～12642；卒年、贈諡見《宋史》卷45，本紀45，〈理宗五〉，頁875；徙居慈溪，見（明）張時徹，《嘉靖寧波府志》（臺北：成文出版社，民國72年），卷30，〈趙與懃〉，頁2420～2421。

〔註143〕 參見拙作，〈趙與懃與臨安府〉，《華岡史學》第6期，2019年，頁31～76。

〔註144〕 （清）王崇炳，《金華徵獻略》（上海：上海古籍出版社，1997年），卷8，〈名臣傳二〉，30b～32a，收於《續修四庫全書》，冊547，頁145～146。

〔註145〕 《咸淳臨安志》卷45，秩官7，〈古今郡守表〉，9b，頁471。

理」之意，真除之時才以寄祿官之品階高低按格除用，[註146] 或為資淺之官，即是寄祿官階低於職事官階，這種情況下的權尚書、權侍郎是正式任官的特殊稱謂，[註147] 鑑於南宋兼知臨安知府中仍可看到「試」尚書、侍郎，筆者比較傾向這是將「權」的「代理」制度化，權尚書、侍郎佔缺，透過臨安知府這一職位進行考核，以便真除；「兼知」是兼官之意，有本職官更兼他職官，兩者皆有實權，或有「暫兼」，為本職官暫時代理其他職官，如成績優異亦可真除。

2. 非制度面的兼知臨安府

卿監從臣兼知臨安府，這不是制度，而是一種慣例，或稱為「政治文化」，兩宋將原為不固定的差遣變為常態，朝新的職官制度過渡，其中有制度化的，也有尚未形成制度的，卿監從臣兼知臨安府即是屬於尚未制度化的情況，宋人未將此原因記錄下來，可能與習以為常，不認為這是特殊情況有關，目前觀察到的任職程序是，先成為卿監從官，再兼知臨安府，從人性角度推測，因臨安知府這個職位（差遣）是劇要之職，承辦事務龐雜，官僚組織有將麻煩職缺推給新人處理的陋習，新人在接掌麻煩職缺一段時間後，結束「試用期」，就把該職缺移交給下一個新人，這也能解釋為何臨安知府的任期大多偏短。在這短暫的任期內，能勉為其難擔待起來，有些行政效率可能是來自戶部、工部轉運司的人力、物力支援，才有辦法順利運作。

3. 臨安知府的任官型態

筆者據《咸淳臨安志》進行統計，整理而成〈附表 2：南宋臨安知府任職形式表〉，正任人次 43，大部分集中於宋孝宗淳熙前；由兩浙路轉運司兼任臨安知府者共 23 人次，將作監、軍器監各 5 人次，司農寺 18 人次，太府寺 26 人次，大理、太常各 1 人次，工部 20 人次，刑部 6 人次，兵部 9 人次，戶部 41 人次，吏部 5 人次，樞密院 4 人次，總計 164 人次，由於不乏任內轉換部門、升遷之人，因此超過〈附表 1：南宋臨安知府年表〉統計的總任次 156 人。

從人次可以看出，戶部兼任數位居第一，遠超過其他部門；其次為太府寺的 26 人次，位居第二；第三名為兩浙路轉運司的 23 人次，這是由地方監司兼任特區長官，理由已如前引梁偉基之言，此處不再贅述，由此可知南宋

〔註146〕楊樹藩，《中國文官制度史》（臺北：黎明文化事業公司，民國 71 年），頁 471 ～472、474。

〔註147〕苗書梅，〈論宋代的權攝官〉，《河南大學學報·社會科學版》，35 卷第 3 期，1995 年，頁 14。

「以財持國」的政治過程；〔註 148〕由中央官兼任人次遠超過地方官，若以宋代國策角度來判斷，無論兩浙路轉運司、卿監從官等，皆為朝官，皆置司臨安城內，可以看出朝廷重視行政效率、希望各官司間建立密切的聯繫，以及首都特區中央直轄化的制度變遷。〔註 149〕

小　結

　　自內藤湖南提出「唐宋變革期」，解釋唐宋時代大變化，迄今已逾 90 年，不少學者撰文介紹、批評、提出新的看法，〔註 150〕尤其指出唐與宋之間尚有五代，變化的過程是長期、緩慢而非驟然、劇烈，而兩宋時代恰好處於變遷中重要的時間點，即「唐宋變革」、「宋元變革」之間，〔註 151〕開創近世、近代之基的轉捩點，本文主軸論及的臨安知府、京畿制度的變化，即是其中之一。

　　自兩漢、南北朝、隋唐五代以來，京師首長的地位莫不在地方官與中央官之間，處於一種曖昧狀態；唐朝因朝廷需求、首都治安、京尹的權威性等因素，讓京兆尹兼任中央職官，仍非常態性；北宋的權知開封府，亦無兼任中央職官的情形，然而，「在京諸法」的設立，卻使得開封府和地方府州軍監區別開來，成為「首都特區」，知府作為特區首長，是常參官，有參加朝會的

〔註 148〕劉子健，〈以財持國的宋代〉，《歷史月刊》32 期，民國 79 年，頁 128～132。

〔註 149〕政治過程論，為日本學者寺地遵所提倡，平田茂樹補充而成，在奏對過程中，尚書、侍從「對」的頻度僅次於宰執，這在與皇帝交換意見上佔據相當優勢，見（日）平田茂樹著，林松濤等譯，《宋代政治結構研究》（上海：上海古籍出版社，2010 年），頁 13～15；藉由觀察人、制度、組織間的互動、中央與地方的關係、官僚選任的原則，形成新的制度史，見鄧小南，《朗潤學史叢稿》（北京：中華書局，2010 年），頁 502～503；從動態發展的觀點與政治運作的角度，觀察政治決策與人事關係的互動，見黃寬重，《政策・對策：宋代政治史探索》（臺北：聯經出版公司，2012 年），頁 14。

〔註 150〕（日）內藤湖南，〈概括的唐宋時代觀〉，《日本學者研究中國史論著選譯》（北京：中華書局，1993 年），冊 1，頁 10～18；邱添生，〈論「唐宋變革期」的歷史意義——以政治、社會、經濟之演變為中心〉，《國立台灣師範大學歷史學報》第 7 期，民國 68 年，頁 1～29；張廣達，〈內藤湖南的唐宋變革說及其影響〉，《唐研究》第 11 卷，2005 年，頁 5～71；柳立言，〈何謂「唐宋變革」？〉，《中華文史論叢》81 期，民國 95 年，頁 125～171；李華瑞，〈「唐宋變革」論的由來與發展（上）、（下）〉，《河北學刊》，30 卷第 4 期、第 5 期，2010 年，頁 57～65、67～77。

〔註 151〕王瑞來，〈從近世走向近代——宋元變革論述要〉，《史學集刊》，2015 年第 4 期，頁 70～74。

義務，在禮儀方面，開封府承擔提供物資、事前整備、參與儀式的義務，尚且與中央事務涉入不深。

此情況至南宋時大為改觀，行在所臨安府成為朝廷事務、物資的執行、供應機構，事權大幅提昇，與中央的關係更為緊密，多卿監從官兼知便是反映兩者密切的狀態，不過這仍止於政治文化、慣例層面，未成為制度；橫向方面，藉由兼任浙西安撫司，臨安知府的兵權、管轄範圍也較北宋權知開封府擴大，兵權、事權合一，隸屬中央，開元、明、清京畿制度之先聲，成為近世變遷中重要的制度變化之處。〔註 152〕

圖 1-1：北宋杭州城內空間形態圖

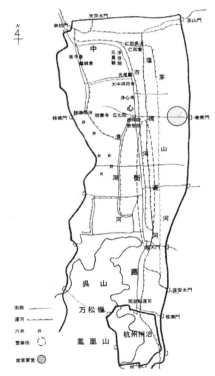

引自（日）高橋弘臣〈南宋臨安における空間形態とその変遷〉圖 2

〔註 152〕王洪兵，《清代順天府與京畿社會治理研究》，南開大學博士論文，2009 年，頁 31～46，其文內稱清乃繼承明之京師與京畿制度，明是繼承元朝大都制度，元朝則是繼承金大興府制度，然考時間先後順序，應是南宋為先；張金銑，〈元代路總管府的建立及其制度〉，《中國史研究》，2001 年第 3 期，頁 143～152。

第二章　臨安知府的遷轉

宋人任官遷轉最重「資格」，在唐宋之前，兩漢、魏晉已有以年資遷轉的概念，然官員遷轉仍掌握在宰相、地方勢力、藩鎮之手，無一定章法可循；〔註1〕隋唐科舉制度和資格法的正式確立，對後世影響深遠，宋朝擴大科舉，形成科舉社會，則是更進一步；同時，也使得唐中期以來官僚集團員多缺少的問題，更加惡化，資格法成為減輕此問題的手段。〔註2〕

宋代「資格」一詞有五種解釋，一為出身，即官員入仕途徑；二是指年資，即官員入仕之後的累積年月；三是考任，用以決定官員差遣職務的任用和晉升資格；四是資序，是任用官職的資格，這是宋代資格的核心，肇因於宋代官、差遣分離，唐僅見「資歷」；五指成資，這是綜合性的，包括官職、官階、年資。以上五點，在宋代官員任用差遣、磨勘轉改等方面，運用最多。〔註3〕

資序的實際運作，即官員差遣的職任升遷，往往不是線性單向的。知縣→通判→知州→監司（提刑→轉運）大約兩任一遷，這只是資序體系的基本規定，實際上，不少官員在地方、中央職位間交互輪調，為了便於排比，在中央任職者比照敘理地方官資序，故具備知縣、知州資序，不等於曾任該職，再加上宋代「官不久任」現象，滿任 3 年，實際不足 2 年者居多，造成官員「不成資」，必須靠 2 次乃至數次職任「通計、通理」的辦法來折合成「任」。

大致而言，外任京朝官會先歷任通判、知州，再任監司長官。然而，如

〔註 1〕 曾小華，〈論宋代的資格法──兼論中國古代任官資格制度〉，《歷史研究》，
　　　　 1992 年第 6 期，頁 50。
〔註 2〕 曾小華，〈論宋代的資格法──兼論中國古代任官資格制度〉，《歷史研究》，
　　　　 1992 年第 6 期，頁 49～50。
〔註 3〕 曾小華，〈論宋代的資格法──兼論中國古代任官資格制度〉，《歷史研究》，
　　　　 1992 年第 6 期，頁 44～45。

前述，實際上的升遷不是一直線的；也不表示任職州府的長官，資序必會低於監司長官。較常見的情形，是該州府類別較高，要求具備監司資序者擔任其長官；或是銓次授任時，需借重某人才器；抑或是該資序職缺有限而「超資、折資」擬授；臨時調易官員差遣時，資序上下參差的情形更多。〔註4〕

以諸路轉運司為例，雖設轉運使、副使、判官等職，卻很少在同路內設置完整；南宋時，轉運使額名雖存，一路中不派轉運使，卻以資序較淺的副使、判官行使漕司職權，逐漸成為常態，這種狀況的出現，應當是朝廷急需財物用度，漕司事劇任重，需要有專才幹練之人，而難得資序相當者，〔註5〕故以運副、判處之。〔註6〕

又如諸路安撫司長官，資格可能大不相同，其資歷、品階職名的不同，表現在繫銜之差異上，〔註7〕據《宋史》載：

> 舊制，安撫總一路兵政，以知州兼充，太中大夫以上，或曾歷侍從乃得之，品卑者止稱主管某路安撫司公事。中興以後，職名稍高者出守，皆可兼使，如係二品以上，即稱安撫大使。〔註8〕

南宋臨安知府例兼浙西安撫司，極少部分情況下才以資序差距極大者兼任，據〈附表3：南宋臨安知府遷轉表〉統計，僅有7人為權發遣府事。不過，以低資序知臨安府、不久任、不成資，擔任該職者多數升遷迅速，顯示臨安知府為平步青雲之「龍門」要津，向上攀升的重要資歷，以下便分項加以論述。

第一節　就任臨安知府前擔任的職位

一、從外路調任

筆者以《咸淳臨安志》為依據，補以《宋史》、《宋會要》，製成〈附表5：

〔註4〕 鄧小南，〈試論宋代資序體制的形成及其運作〉，收於氏著《朗潤學史叢稿》，頁145。

〔註5〕《宋史》卷158，志111，〈銓法上〉，頁3761：「隔等而授，是擇材能也；結銜有差，是參用資格也。」

〔註6〕 鄧小南，〈試論宋代資序體制的形成及其運作〉，收於氏著《朗潤學史叢稿》，頁147～148。諸路轉運司長官資序深淺，表現在職稱上，如副使、判官，見《宋史》卷167，志120，〈轉運使〉，頁3965。

〔註7〕 鄧小南，〈試論宋代資序體制的形成及其運作〉，收於氏著《朗潤學史叢稿》，頁148。

〔註8〕《宋史》卷167，志120，〈經略安撫司〉，頁3961。

南宋臨安知府來源、離任型態表〉統計，從外路調任臨安知府者總共 28 人次，茲簡化為下表：

表 2-1：外路調任臨安知府來源表

編號	皇帝	年號	知府	任次	來　源
1	宋高宗	建炎	李光	1	知宣州
2		紹興	宋輝	1	發運副使
3			盧知原	1	江淮荊浙都督府參謀官
4			汪思溫	1	知湖州
5			李謨	1	知鎮江府
6			呂頤浩	1	荊湖南路安撫制置大使兼知潭州
7			張澄	1	知建康府
8			俞俟	1	知揚州
9			張澄	2	知紹興府
10			榮薿	1	知常州
11	宋孝宗	乾道	晁公武	1	知揚州
12		淳熙	胡與可	1	淮東總領
13			王佐	1	知平江府
14			韓彥質	1	淮西總領
15	宋寧宗	慶元	謝源明	1	浙東提刑
16			朱晞顏	1	淮東總領
17		嘉泰	王補之	1	淮西總領
18			趙師𥊝	2	知揚州
		開禧			
19			趙師𥊝	3	知廬州
20			趙善堅	2	知慶元府
21		嘉定	趙師石	1	知婺州
22			王柟	2	知鎮江府
23	宋理宗	寶祐	馬光祖	1	淮西總領
24		開慶	何夢祥	1	荊南提刑
25		景定	余晦	2	知慶元府

26	宋度宗	咸淳	李芾	1	浙西提刑兼提舉常平
27			黃萬石	1	知建康府
28	宋恭帝	德祐	文天祥	1	知平江府

建炎三年（1129）起，迄德祐二年（1276）止，由外路調任為臨安知府者，佔總人次的 16％，其中與財政有密切關係的職位有 6 個（總領、發運副使），司法為 3 個，與軍事有直接關係的 1 個，其餘皆來自地方州府。不過，部分州府為該路首州，依例帶該路安撫使；或軍事重鎮，帶制閫，知平江府則常兼發運使。由此可知，從外路調任臨安知府者，首先具備曾任一路首州或軍事重鎮的資歷，其次為財經職位，再次為路司法資歷。

二、從兩浙路轉運司調任

依據〈附表 5〉、〈附表 2〉統計，從兩浙路轉運司調任或兼任臨安知府者，共 57 人次，茲簡化為下表 2-2：

表 2-2：浙漕調任臨安知府任職型態表

編號	皇 帝	年號	知 府	任次	任職型態
1	宋高宗	紹興	徐康國	1	正
2			梁汝嘉	1	正
3			蔣璨	1	正
4			張匯	1	正
5			王晚	1	正
6			張叔獻	1	正
7			沈該	1	正
8			湯鵬舉	1	正
9			趙士㣉	1	兼
10			張稱	1	正
11			趙子潚	1	正
12			錢端禮	1	正
13			黃仁榮	1	正

14	宋孝宗	隆興	陳輝	1	兼
15			黃仁榮	2	正
16		乾道	薛良朋	1	正
17			王炎	1	正
18			周淙	1	正
19			姚憲	1	正
20			胡昉	1	正
21			沈复	1	他
22		淳熙	沈度	1	他
23			趙磻老	1	正
24			張构	1	正
25			趙不流	1	正
26			景秉	1	正
27	宋光宗	紹熙	潘景珪	1	他
28			王厚之	1	正
29	宋寧宗	慶元	王溉	1	他
30			趙師罩	1	他
31		嘉泰	趙善堅	1	他
32			陳景思	1	兼
33		開禧	廖倎	1	他
34			史彌堅	1	兼
35			史彌堅	2	他
36		嘉定	黃犖	1	兼
37			章良肱	1	兼
38	宋理宗	紹定	林介	1	兼
39		端平	顏頤仲	1	兼
40		淳祐	余天任	1	兼
41			翁甫	1	兼

42		寶祐	王克仁	1	兼
43			王克仁	2	他
44			徐槖	1	他
45		開慶	葉隆禮	1	他
		景定			
46			陶熾	1	兼
47			洪焘	1	兼
48			趙與訔	1	兼
49			魏克愚	1	兼
50			魏克愚	2	他
51			季鏞	1	兼
52			趙與訔	2	他
53	宋度宗	咸淳	胡太初	1	兼
54			潛說友	1	他
55			趙與檟	1	兼
56			吳益	1	兼
57			朱浚	1	兼

　　上表「任職型態」欄位，「正」為由兩浙路轉運司調任為臨安知府後未有兼任其他職位，「兼」則代表以運司主官兼任知府，「他」則是調任其他中央職位後兼任知府。

　　兩浙路轉運司地位特殊，名義上是地方監司，行政上與臨安府互不統屬，然其公署置司臨安城內，朝廷修建官署、〔註9〕皇帝修築宮室、〔註10〕

〔註9〕《宋會要》職官3之40，〈中書省‧五房五院〉，冊5，頁：「（紹興）十五年二月五日，詔臨安府、兩浙轉運司修蓋五房六房院。先是，三省、樞密院諸房狀：『居止散漫，外人妄作傳報漏泄，難以分別。乞依在京例，于五房院、六房院居止，差置監門等，互相覺察。』故有是詔。」又見同書，職官30之3，〈將作監‧提舉修內司〉，冊6，頁3792：「乾道元年八月十二日，詔：『皇子立為皇太子，其宮室、官屬、儀物、制度，並令有司討論以聞。所有宮室，下兩浙轉運司、臨安府同修內司踏逐地段，先次彩畫制度，間架圖樣進呈訖，疾速差撥人匠，如法蓋造施行。』」

〔註10〕《宋會要》方域2之23，〈行在所臨安府〉，冊15，頁9293：「淳熙二年十一月二十八日，詔：『殿前司、修內司、臨安府、轉運司修蓋射殿殿門、隔門，并皇太子宮門已畢工，殿帥王友直、提舉修內司甘昇、提轄修內司楊皓、臨安府守臣趙彥操、兩浙漕臣趙磻老各轉一官，減三年磨勘。其餘官屬第一等

－52－

賑濟時撥發錢米，〔註11〕或同時向兩司下令、撥款，或擇一為之，〔註12〕梁偉基認為兩浙路轉運司與臨安府有一定關聯，中央政府的財政來源主要依靠浙漕措置供給，故高宗時由浙漕官僚出掌臨安府，目的在增加行政效率、避免權責上的混亂。〔註13〕筆者更進一步，擴大時段，由浙漕轉調、兼知、升遷後兼知臨安府的現象，貫穿整個南宋時期，人數僅次於由中央調任或兼知臨安府，理宗時的徐桌、趙與⿰言詈更以兩浙路運司權兼戶部侍郎。〔註14〕如臨安府代表事權，浙漕代表財權，余蔚氏主張發生在南宋向地方政府放權而產生的完整制情況，原由監司分立造成的權力分散，有重新集中的趨勢；〔註15〕在核心地區的兩浙路則是變得更為中央集權，該論點將由在下一段進行論述。

三、從中央調任

根據〈附表 3〉可知，或兼任，或正任，從中央調任臨安知府者為數眾多，據〈附表 5〉統計，共有 61 人次，排名第一，以下將從中央調任臨安知府前的任職處、任職形式，簡化為表 2-3：

轉一官資，第二等減三年磨勘，第三等減二年磨勘。礙止法人特與轉行，白
身人有名目日收使。餘并倍支犒設。』」

〔註11〕　（宋）佚名，《續編兩朝綱目備要》（北京：中華書局，1995 年），卷 6，寧宗
嘉泰元年三月戊寅條，頁 109：「戊寅，臨安大火。是夜，臨安府寶蓮山下御
史臺吏楊浩家失火，延燒御史臺、司農寺、將作、軍器監、進奏、文思、御
輦院、太史局、軍頭、皇城司諸物庫。……辛巳，火乃滅，有司奏：延燒軍
民伍萬貳千肆佰貳拾玖家，凡拾捌萬陸千捌佰三拾壹口，死而可知者五十有
九人。詔出內府錢十六萬三千五百七十一緡，米六萬五千一百九十二斛四斗，
付浙漕司、臨安府，分賜被火之民，人錢一千、米四斗，小兒半之。死者人
予十千，而軍士各家錢二千、米一斛。」（以下簡稱《備要》）

〔註12〕　《宋會要》職官 18 之 27，〈祕書省一〉，冊 6，頁 3485：「（紹興十三年）十
二月十二日，詔兩浙轉運司建祕書省。先是復省，止寓法惠寺，至是重建，
從祕書丞嚴抑之請也。」

〔註13〕　梁偉基，《南宋高宗初年（1124～1142）財經官僚與權力結構的關係》，香港
中文大學碩士論文，2000 年，頁 71～72。

〔註14〕　徐桌以浙漕司暫兼戶部侍郎事，見《咸淳臨安志》卷 49，秩官 7，〈古今郡守
表〉，8b，頁 470；趙與⿰言詈事，見同書卷 49，秩官 7，〈古今郡守表〉，11b，頁
472。

〔註15〕　余蔚，〈完整制與分離制：宋代地方行政權力的轉移〉，《歷史研究》，2005 年
第 4 期，頁 124～127。

表 2-3：中央調任臨安知府來源、任職型態表

編號	皇 帝	年號	知 府	任次	調任來源	任職型態
1	宋高宗	紹興	席益	1	起居舍人	正
2			趙不棄	1	權工部侍郎	正
3			宋貺	1	權戶部侍郎兼權樞密都承旨	兼
4			韓仲通	1	權刑部尚書	兼
5			錢端禮	2	權戶部侍郎	兼
6			趙子瀟	2	權戶部侍郎	正
7	宋孝宗	隆興	林安宅	1	右司郎中	正
8			吳芾	1	試吏部侍郎	正
9		乾道	韓彥古	1	試大理少卿	兼
10			莫濛	2	行大理少卿	兼
11			姚憲	2	權戶部侍郎	兼
12			莫濛	2	試大理卿	兼
13		淳熙	趙彥操	1	太府少卿兼權戶部侍郎	兼
14			韓彥直	1	戶部尚書	兼
15			李椿	1	試司農卿	兼
16			吳淵	1	權戶部侍郎	兼
17			韓彥質	2	試戶部侍郎	兼
18			張杓	2	試戶部侍郎兼吏部侍郎	兼
19	宋光宗	紹熙	謝深甫	1	起居郎兼權給事中	正
20			袁說友	1	行右司郎中	正→兼
21			蔡戡	1	試司農卿	兼
22	宋寧宗	慶元	徐誼	1	中書門下省檢正官兼權刑部侍郎	兼
23			錢象祖	1	中書門下省檢正官	兼
24			丁逢	1	軍器監	兼
25		嘉泰	李澄	1	行宗正丞兼權金部郎官、兼刪修敕令官	兼

26		開禧	趙善防	1	右司郎中	正
27			趙善宣	1	工部郎中	正
		嘉定				
28			徐邦憲	1	宗正少卿兼太子侍讀	兼
29			王楠	1	行尚書吏部郎中兼右司郎官	兼
30			趙時侃	1	守戶部郎中	正→兼
31			程覃	1	大理少卿	正
32			陳廣壽	1	金部郎中	兼
33	宋理宗	寶慶	袁韶	1	軍器少監兼樞密院檢詳諸房文字兼玉牒所檢討官	兼
		紹定				
34			趙立夫	1	右司郎中	兼
35			袁韶	2	同知樞密院事	兼
36			余天錫	1	權吏部侍郎兼玉牒所檢討官兼崇政殿說書	兼
37		端平	余鑄	1	中書舍人兼國史院編修官兼實錄院檢討官兼中書檢正	兼
38			袁肅	1	右司郎官兼樞密院副都承旨	兼
39			趙立夫	2	樞密院都承旨兼刪修敕令官	兼
40			趙與懽	1	權戶部侍郎兼中書檢正	兼
41		嘉熙	史岩之	1	祕書少監兼國史院編修官、實錄院檢討官兼崇政殿說書	兼
42			趙與懃	1	右司郎中兼副都承旨兼刪修敕令官	兼
43			趙與懽	2	試吏部尚書兼修玉牒官兼侍讀	兼
44			吳潛	1	工部尚書	兼
45		淳祐	趙與懽	3	提領戶部財用兼修國史、實錄院修撰兼侍讀	正→兼
46			趙與𥰻	1	中書檢正	兼
47			余晦	1	右司郎官	兼
48		寶祐	厲文翁	1	金部郎官兼樞密院檢詳諸房文字	兼
49			曾穎茂	1	守將作監	兼

50			顏頤仲	1	守刑部侍郎兼權兵部尚書	兼
51		開慶	顧嵒	1	左曹郎官	兼
52		景定	厲文翁	2	戶部尚書兼樞密都承旨	兼
53			高衡孫	1	刑部侍郎	兼
54			馬光祖	2	提領戶部財用	兼
55			吳革	1	權發遣戶部判官	兼
56			劉良貴	1	左司郎官	兼
57	宋度宗	咸淳	孫子秀	1	太常少卿兼右司	兼
58			洪燾	2	權刑部尚書兼中書門下省檢正官	兼
59	宋恭帝	德祐	曾淵子	1	同知樞密院事	兼
60			家鉉翁	1	權戶部侍郎	兼
61			賈餘慶	1	簽書樞密院事	兼

由上表可知，宋高宗時由中央調任臨安知府的人次為 6，宋孝宗時增加一倍，為 12 人次，宋光宗時 4 人次，宋寧宗時 11 人次，宋理宗時 23 人次，宋度宗時 2 人次，宋恭帝時 3 人次。

根據上表，將調任來源整合為表格 2-4，能更為釐清南宋歷朝皇帝在位期間的臨安知府，是從哪個中央部會調任而來。

表 2-4：中央調任臨安知府來源表

皇　帝	年號	知府人數	調任來源及人次數		姓　名	備　註
宋高宗	紹興	6	樞密院	（副）都承旨：1	宋眪	權戶部侍郎兼樞密院都承旨
			中書門下省	起居舍人：1	席益	
			尚書六部	戶部：3	宋眪	
					錢端禮	
					趙子瀟	
				刑部：1	韓仲通	
				工部：1	趙不棄	
宋孝宗	隆興	2	尚書省	左右司郎中（官）：1	林安宅	
			尚書六部	吏部：1	吳芾	

	乾道	4	尚書六部	戶部：1	姚憲	
			寺監	大理寺：3	韓彥古	
					莫濛	
					莫濛	
	淳熙	6	尚書六部	吏部：1	張杓	試戶部侍郎兼吏部侍郎
				戶部：5	趙彥操	太府少卿兼權戶部侍郎
					韓彥直	
					吳淵	
					韓彥質	
					張杓	
			寺監	太府寺：1	趙彥操	
				司農寺：1	李椿	
宋光宗	紹熙	4	尚書省	左右司郎中（官）：1	袁說友	
				起居舍人（郎）：1	謝深甫	起居郎兼權給事中
			門下後省	給事中：1	謝深甫	
			中書門下省	檢正官：1	徐誼	中書檢正官兼權刑部侍郎
			尚書六部	刑部：1	徐誼	
			寺監	司農寺：1	蔡戡	
宋寧宗	慶元	2	中書門下省	檢正官：1	錢象祖	
			寺監	軍器監：1	丁逢	
	嘉泰	1	尚書六部	戶部：1	李澄	行宗正丞兼權金部郎官
			寺監	宗正寺：1	李澄	
	開禧	2	尚書省	左右司郎中（官）：1	趙善防	
			尚書六部	工部：1	趙善宣	
	嘉定	6	樞密院	檢詳文字：1	袁韶	軍器少監兼樞密院檢詳諸房文字兼玉牒所檢討官
			尚書省	左右司郎中（官）：1	王柟	行尚書吏部郎中兼右司郎官
			尚書六部	吏部：1	王柟	

					戶部：2	趙時侃	
				寺監	大理寺：1	程覃	
					宗正寺：1	徐邦憲	
					軍器監：1	袁韶	
宋理宗	寶慶	1	尚書六部	戶部：1	袁韶	嘉定十七年除戶部侍郎依舊兼同詳定敕令官兼知臨安府	
	紹定	5	樞密院	執政：1	袁韶	
			尚書省	左右司郎中（官）：1	趙立夫	
			中書後省	中書舍人：1	余鑄	中書舍人兼國史院編修官兼實錄院檢討官兼中書檢正
			中書門下省	檢正官：1	余鑄	
			尚書六部	吏部：1	余天錫	
	端平	3	樞密院	（副）都承旨：2	袁肅	右司郎官兼樞密院副都承旨
					趙立夫	
			尚書省	左右司郎中（官）：1	袁肅	
			中書門下省	檢正官：1	趙與懽	權戶部侍郎兼中書檢正
			尚書六部	戶部：1	趙與懽	
	嘉熙	5	樞密院	（副）都承旨：1	趙與懃	右司郎中兼副都承旨兼刪修敕令官
			尚書省	左右司郎中（官）：1	趙與懃	
			祕書省	監（少）：1	史岩之	
			尚書六部	吏部：1	趙與懽	
				戶部：1	趙與懽	
				工部：1	吳潛	
	淳祐	3	樞密院	檢詳文字：1	厲文翁	金部郎官兼樞密院檢詳諸房文字
			尚書省	左右司郎中（官）：1	余晦	
			中書門下省	檢正官：1	趙與𪟝	
			尚書六部	戶部：1	厲文翁	

	寶祐	3	尚書六部	戶部：1	顧嵒	
				兵部：1	顏頤仲	守刑部侍郎兼權兵部尚書。
				刑部：1	顏頤仲	
			寺監	將作監：1	曾穎茂	
	開慶					
	景定	5	樞密院	（副）都承旨：1	厲文翁	權戶部尚書兼樞密都承旨
			尚書省	左右司郎中（官）：1	劉良貴	
			尚書六部	戶部：3	厲文翁	
					馬光祖	
					吳革	
				刑部：1	高衡孫	
宋度宗	咸淳	2	尚書省	左右司郎中（官）：1	孫子秀	太常少卿兼右司
			中書門下省	檢正官：1	洪燾	權刑部尚書兼中書檢正
			尚書六部	刑部：1	洪燾	
			寺監	太常寺：1	孫子秀	
宋恭帝	德祐	3	樞密院	執政：2	曾淵子	
					賈餘慶	
			尚書六部	戶部：1	家鉉翁	
總計 79 人次，其中兼二職以上者 18 人。						

　　由上表可知，臨安知府來自 4 個中央政府群體，幾乎涵蓋兩府、尚書六部、寺監。其中，執政有 3 人，皆來自樞密院；起居舍人、郎各 1 人，中書舍人 1 人，中書門下省檢正官 6 人次，樞密院都（副）承旨 5 人次，檢詳文字 2 人次，尚書省左右司郎中（官）10 人次，以上來自兩府都堂，[註16] 為宰執僚屬；[註17] 從尚書六部調任，禮部除外，工部有 3 人次，戶部 21 人次，刑部 5 人次，兵部 1 人次，吏部 5 人次，其中 18 人兼任複數職位；祕書省僅 1 人。來自兩府（含執政）的顛峰為宋理宗在位期間的 15 人次，其次為光宗、

─────────────

〔註16〕《宋會要》職官 4 之 19，〈都司左右司〉，冊 5，頁 3104。
〔註17〕權相執政時，尤其南宋中期以後，中書檢正、樞密院都承旨幾成宰相輔佐官，見于士倬，《宋代宰府僚吏研究》，華東師範大學博士論文，2016 年，頁 330

寧宗時並列的 4 人次，高宗、度宗、恭帝皆只有 2 人次，孝宗居末，僅 1 人次。
臨安知府的來源，也與執政集團的結構有所關聯，如高宗時掌握宰執、尚書六
部的秦檜集團，〔註18〕孝宗時以王淮為代表的官僚集團，〔註19〕紹熙內禪時的以
趙汝愚為代表的道學集團，〔註20〕寧宗嘉定至理宗淳祐時的鄞人集團，皆為當
代顯赫一時的政治集團，比較特別的是韓侂胄和賈似道，前者為近習政治的代
表；〔註21〕後者是政壇上的暴發戶，靠父姊蔭官起家、發跡，再以軍功飛黃騰
達，後中進士，轉投士大夫集團。〔註22〕這兩個權相在朝中缺乏穩固的政治基
礎，因此兩人執政前期，從兩府調任臨安府的人數最少，意味著兩人在中央官
僚中能信任、派遣至臨安府，掌握該事權機構的人不多；但在韓侂胄拜太師、
賈似道擁立度宗後，政治基礎就穩固了，兩人便開始援引朋黨。

第二節　知府的任期、任滿待遇、離任去向和原因

一、制度上的任期

宋朝制度上規定地方官的輪替是「三年一易」，任期即以 3 年為界，〔註23〕

〔註18〕（日）寺地遵，《南宋初期政治史研究》，頁 319～342。

〔註19〕余英時《朱熹的歷史世界》（北京：生活・讀書・新知三聯書店，2011 年），
頁 632。王明對王淮代表官僚集團，或官僚集團與道學集團的劃分方式有不
同意見，王淮在孝宗在位晚期長期掌權，固然建立起自己的黨派，但觀其為
人、為政尚且公允執中，會與朱熹勢同水火，乃是朱熹的偏執造成，見王明，
《南宋前期君主・宰相與政局》（臺北：秀威資訊科技公司，2018 年），頁 186
～188。

〔註20〕余英時，《朱熹的歷史世界》，頁 530～572。

〔註21〕（日）寺地遵，〈南宋中期政治史の試み〉，《日本歷史学協会年報》18 号，
2003 年，頁 1～13；（日）小林晃，〈南宋寧宗朝における史彌遠政権の成立
とその意義〉，《東洋學報》，91 卷第 1 号，2009 年，頁 35～64；宋理宗信用
近習，乃出於對外朝士大夫持不信任的態度，見楊宇勛，〈宋理宗與近習：兼
談公論對近習的態度〉，《中山大學學報・社會科學版》，2014 年第 6 期，頁
65～81。

〔註22〕陳正庭，《賈似道與晚宋政局研究》，中興大學歷史學研究所碩士論文，民國
98 年，頁 35～48；劉子健，〈包容政治的特點〉，頁 57～58；黃寬重，〈賈涉
事功述評——以南宋中期淮東防務為中心〉，收於氏著《史事、文獻與人物—
—宋史研究論文集》（臺北：東大圖書公司，2003 年），頁 27～52。

〔註23〕《宋會要》蕃夷 5 之 94，〈西南溪峒諸蠻〉，冊 16，頁 9896：「（天聖七年）
議者欲令帥臣籍（籍）其姓名，同州縣官三年一易。」《宋史》卷 439，列傳
195，〈陳亮傳〉，頁 12933：「以京官權知，三年一易。」

與考課、磨勘、資序制度配合，亦應用於中央任職之官吏，〔註24〕然實際上任不等於資，為靈活運用人力資源，採取「權」的方式，以不合「資」的人就任較高級官職。〔註25〕宋代著名的「三冗」，其一為冗官，相對則是「闕少」，為解決員多闕少的情況下，盡量縮短官員任期，〔註26〕林正秋、徐吉軍稱臨安知府「易得罪權貴」是任期不長的原因，〔註27〕如考慮前述鄧小南氏提出的宋代官員選任、輪替模式，再考量臨安府掌握中央事權的重要性，與知府和執政集團的關係，似不止一句「權倖不便」即可帶過。〔註28〕

二、任滿待遇

　　北宋權知開封府任滿時，已有應處以「輔弼」之議，如宋仁宗時的樞密副使程戡罷職時，宰臣進擬繼任人選當中，權知開封府即為其中之一，據《長編》載：

> （嘉祐五年夏四月）癸未，樞密副使、吏部侍郎程戡罷為觀文殿學士兼翰林侍讀學士、同群牧置制使。……宰臣進擬，例以三司使、御史中丞、知開封府一人補其員。〔註29〕

其中，宰臣援例進擬的「例」，來自所謂「四入頭」，據宋人洪邁《容齋續筆》所記：

> 國朝除用執政，多從三司使、翰林學士、知開封府、御史中丞進拜，俗呼為「四入頭」。〔註30〕

南宋時，亦有將臨安知府視為「輔弼之儲」的看法，洪适在寫給薛良朋的臨

〔註24〕鄧小南，〈北宋文官考課制度考述〉，《社會科學戰線》，1986 年第 3 期，頁 189
　　　　～191；同前著，〈試論宋代資序體制的形成及其運作〉，收於氏著《朗潤學史
　　　　叢稿》，頁 150～152；（日）梅原郁，《宋代官僚制度研究》（京都：同朋社，
　　　　昭和 60 年），頁 191～194。

〔註25〕鄧小南，《宋代文官選任制度諸層面》，（石家莊：河北教育出版社，1993 年），
　　　　頁 101～118

〔註26〕鄧小南，《宋代文官選任制度諸層面》，頁 216～220。

〔註27〕林正秋，《南宋都城臨安》，頁 198；徐吉軍，《南宋都城臨安》，頁 149。

〔註28〕因「權倖不便」而離職乃是對李椿離任原因的解釋，見《咸淳臨安志》卷 48，
　　　　秩官 6，〈古今郡守表〉，4a，頁 461；《宋史》卷 389，列傳 148，〈李椿傳〉，
　　　　頁 11938。

〔註29〕（宋）李燾，《長編》卷 191，仁宗嘉祐五年夏四月癸未條，頁 4621。

〔註30〕（宋）洪邁，《容齋隨筆‧續筆》（北京：中華書局，2005 年），卷 3，〈執政
　　　　四入頭〉，頁 251。

安知府任命制書中亦如此稱之：

> 國家之都上京也，尹正者皆輔弼之儲，其望崇，其權重，可以不憚
> 大吏，可以不避彊禦。〔註31〕

由此可知，宋人對京尹地位的認知，及離任後該酬賞何種職位，有基本共識，然而實際運作上並非一定遵循該原則，京尹卸任後直接進拜執政者，仍為少數；仕途終至宰執者更少，以下就臨安知府卸任後的實際待遇進行論述。

三、離任去向

臨安知府的離任有五種模式，分為外調、回前任職位、留在中央、罷免、其他，下就這五項進行論述。

1. 外調

根據〈附表5：南宋臨安知府來源、離任型態表〉統計，以外調的方式離任者共 28 人次，下就依〈附表5〉簡化為表 2-5，以釐清外調原因。

表 2-5：臨安知府外調原因表

編號	皇帝	年號	知府	離任原因	附註
1	宋高宗	紹興	李光	和劉光世不合。	《要錄》卷 41，紹興元年正月辛丑條，頁 889。
2			席益	自請外調。	《要錄》卷 51，紹興二年正月己酉條，頁 1050。
3			李謨	外調。	
4			呂頤浩	外調。	
5			張叔獻	與知紹興府張澄兩易。	《要錄》卷 152，紹興十四年十一月庚戌條，頁 2879。
6			張澄	自請外調。	《要錄》卷 155，紹興十六年九月乙酉條，頁 2943。
7			趙士㒟	秦檜欲用曹泳。	〈趙士㒟墓誌銘〉，25b，頁 422。
8			韓仲通	外調。	
9			張偁	外調。	
10	宋孝宗	隆興	陳輝	外調。	

〔註31〕 （宋）洪适，《盤洲文集》卷 23，〈薛良朋知臨安府制〉，4b，收於《宋集珍本叢刊》，冊 45，頁 186。

11		乾道	莫濛	賀正旦使。	《宋史‧莫濛傳》，頁 11957。
12			王炎	外調。	
12		淳熙	張杓	外調。	
14	宋光宗	紹熙	潘景珪	外調。	
15			蔡戡	外調。	
16	宋寧宗	慶元	趙師㠯	以母病，自請外調。	〈趙師㠯墓誌銘〉，頁 475。
17		開禧	趙善防	外調。	
18	宋理宗	紹定	袁韶	史彌遠疑其逼己，請郡、與祠。（罷政歸）	《延祐四明志》卷 5，〈人物考中〉，14a，頁 6208；《宋史‧袁韶傳》，頁 12451；（日）小林晃，〈南宋理宗朝前期における二つの政治抗争——『四明文献』から見た理宗親政の成立過程〉，《史學》，79 卷第 4 期，2010 年，頁 33～43。
19		淳祐	趙與籌	因學運待罪，外調。	《齊東野語》卷 6，〈杭學游士聚散〉，頁 111。
20		寶祐	馬光祖	自請外調。	《癸辛雜識》別集下，〈馬光祖〉，頁 300～301。
21			王克仁	外調。	
22		開慶	何夢祥	外調。	
23		景定	葉隆禮	外調。	
24			馬光祖	以病請祠，外調。	《宋史》卷 45，〈理宗五〉，頁 881。
25			劉良貴	外調。	
26	宋度宗	咸淳	趙與𥛥	外調。	
27			黃萬石	外調。	《宋史》卷 46，〈度宗紀〉，頁 916。
28	宋恭帝	德祐	趙孟傳	外調。	

　　由上表可知，自請外調者有 4 人，分別為席益、張澄、趙師㠯（第 1 任）、馬光祖；與將領不合者為李光 1 人，與權臣有直接關係，除趙士㣊，尚有前述之袁韶共 2 人；因政爭、學潮而自請調任，有馬光祖（第 1 任）、趙與籌；擔任賀正旦使 1 人；其他未有特殊理由。儘管離開權力中樞，外調仍為較為體面的離任方式。

2. 回任前一職位

回任指得是由兩浙轉運司轉任或兼知臨安府，解除兼任知府職務後回前或原單位繼續任職，據〈附表 5〉統計有 11 人次，簡化為下表 2-6，以利論述。

表 2-6：臨安知府回任前、原職表

編號	皇　帝	年號	知　府	離任原因	附　　註
1	宋高宗	紹興	徐康國	與席益交割。	見〈附表 1〉註 6。
2			蔣璨	與張匯兩易	見〈附表 1〉註 15。
3			張匯	復為浙漕副。	見〈附表 1〉註 16。
4	宋寧宗	嘉泰	陳景思	免兼。	
5		開禧	史彌堅	免兼。	
6		嘉定	黃犖	免兼。	
7			章良肱	免兼。	
8	宋理宗	寶祐	王克仁	免兼。	
9		景定	季鏞	免兼。	
10	宋度宗	咸淳	胡太初	免兼。	
11			朱浚	免兼。	

藉由上表可知，由浙漕轉任或兼任臨安知府，後又回歸浙漕的情況，大多數都是一時間找不到合適人選，或繼任者尚未到任，暫時由浙漕擔任知府，只有蔣璨、張匯 2 例，可能為不適任，而調回浙漕原職。

3. 留在中央

留在中央任職共 73 人次，分為三種情形，其一為如題所示的高昇，其二是由中央職官轉調，後又調回原職，其三為本就以中央職務兼知臨安府，免兼後繼續擔任中央職務，以下根據〈附表 3〉、〈附表 5〉簡化為表 2-7，以利論述。

表 2-7：臨安知府回、調任中央職務表

編號	皇帝	年號	知　府	轉調職位	附　　註
1	宋高宗	建炎	季陵	中書舍人	《宋史·季陵傳》，頁 11647。
2		紹興	梁汝嘉	戶部侍郎（巡幸隨駕都轉運使）	

3			汪思溫	太府少卿	免兼。
4			張澄	戶部侍郎	
5			王映	工部侍郎	
6			沈該	權禮部侍郎	
7			趙不棄	工部侍郎	
8			湯鵬舉	司農卿	
9			榮薿	權戶部侍郎	
10			趙子瀟	戶部侍郎	
11			錢端禮	戶部侍郎	
12	宋孝宗	隆興	趙子瀟	戶部侍郎	免兼。
13			吳芾	吏部侍郎	復為吏部侍郎。
14			薛良朋	權工部侍郎	
15		乾道	周淙	工部侍郎	
16			姚憲	司農少卿提領戶部犒賞酒庫	
17			韓彥古	右司郎中	
18			沈复	權戶部侍郎	
19			姚憲	工部侍郎	
20		淳熙	趙彥操	太府卿兼權戶部侍郎	
21			韓彥直	工部尚書	罷兼。
22			李椿	太府卿	罷兼。
23			王佐	權戶部尚書	
24			韓彥質	權戶部侍郎	
25			景秉	宗正少卿	
26	宋光宗	紹熙	張杓	權兵部尚書	免兼。
27			謝深甫	權工部侍郎	
28			袁說友	權戶部侍郎	
29	宋寧宗	慶元	錢象祖	工部侍郎	
30			謝源明	中書舍人	
31			王渙	權兵部侍郎	
32			朱晞顏	權工部侍郎、兼實錄院同修撰	免兼。

33		嘉泰	丁常任	司農卿	免兼。
34			李澄	權兵部侍郎	
35		開禧	廖倓	司農卿兼樞密副都承旨	
36			趙善堅	權工部尚書	
37			史彌堅	權兵部侍郎	
38		嘉定	趙師石	太府少卿	免兼。
39			徐邦憲	權工部侍郎	免兼。
40			趙師罘	權兵部侍郎	免兼
41			趙時侃	權工部侍郎	免兼。
42			王柟	太府卿	免兼。
43			程覃	司農卿	免兼。
44			陳廣壽	太府卿兼玉牒所檢討官	免兼。
45	宋理宗	紹定	袁韶	同知樞密院事	
46			趙立夫	太府卿兼刪修勑令官	
47			余天錫	戶部尚書、兼檢正、兼詳定勑令官	免兼。
48		端平	余鑄	吏部侍郎	
49			袁肅	太府少卿	免兼。
50			趙立夫	戶部尚書	免兼。
51			顏頤仲	太府少卿	免兼。
52		嘉熙	趙與懽	戶部尚書	免兼。
53			史岩之	戶部尚書兼侍講	免兼。
54			趙與懃	司農卿兼樞密都承旨	免兼。
55			趙與懽	提舉萬壽觀、提領戶部財用	
56			吳潛	工部尚書、兼吏部尚書、兼侍讀	免兼
57		淳祐	趙與懽	資政殿學士、提舉萬壽觀、監修國史實錄院、兼侍讀、奉朝請	
58			余天任	權工部侍郎	免兼。
59			余晦	大理少卿	

60			翁甫	太常少卿、除太常少卿、暫兼權直舍人院、兼資善堂翊善	
61		寶祐	厲文翁	太府卿、暫兼權戶部侍郎	
62			曾穎茂	大理少卿	
63			顏頤仲	吏部尚書	免兼。
64			徐橐	吏部尚書	免兼。
65		開慶	顧嵒	吏部侍郎	
66		景定	厲文翁	提舉戶部財賦	免兼。
67			陶熾	大理少卿	
68			洪燾	戶部侍郎	免兼。
69			趙與訔	樞密都承旨	免兼。
70			高衡孫	戶部侍郎	免兼。
71			魏克愚	軍器監	
72	宋度宗	咸淳	洪燾	吏部尚書	
73			吳益	太府卿兼戶部判官	免兼。
74	宋恭帝	德祐	文天祥	右丞相兼樞密使	

由上表可知，有 43 人次的知府轉調為其他中央職官，28 人免兼，1 人復為，2 人罷兼，考慮到第一章第三節提及的任職程序、考核和人性探討，免兼可視為自請、移交工作給繼任者，或者代理知府找到接任者；罷兼是考核不過，或其他因素罷去知府兼職；吳益的復為是特例，他的轉調本就是為收拾前任黃仁榮的失職殘局。轉調和免兼合併計算，有 71 人次是通過考核，留在權力中樞的情形。

4. 罷免

罷免有分成免官、免兼兩種情形，由於近半數臨安知府是以中央卿監從官兼知，免兼的意思為雖然免去了知府的兼職，但仍留在中央，繼續擔任卿監從官的職務，因此這部分筆者歸類於留在中央，此處只討論被罷免的知府，據〈附表 5〉簡化為表 2-8，以利論述。

表 2-8：臨安知府罷免原因表

編號	皇　帝	年號	知　府	罷免原因	附　註
1	宋高宗	紹興	宋貺	瀆職。〔註32〕	《宋會要》職官70之35、《要錄》卷162，頁3071。
2			曹泳	秦檜姻黨。	《宋會要》職官70之40。
3	宋孝宗	隆興	黃仁榮	坐盜賊累限不獲。	《宋會要》71之9。
4		乾道	晁公武	同列忌之，以事中坐免。	《宋元學案補遺》卷4，163a，頁312。
5			莫濛	以言者罷。	《宋史·莫濛傳》，頁11957。
6		淳熙	沈度	託疾規避接待金使，反覆無常。	《宋會要》職官72之1。
7			趙磻老	未能控制火勢，又沒逮捕趁勢作亂者。〔註33〕	《雜記》乙集卷7，頁617。
8			趙不流	瀆職。〔註34〕	《宋會要》職官72之51。
9	宋光宗	紹熙	王厚之	好任私意，肆為異說，闇於聽訟，短於治劇。	《宋會要》職官73之18。
10	宋寧宗	慶元	徐誼	捲入慶元黨禁，坐趙汝愚黨而罷。	《宋史·徐誼傳》，頁12084～12085。
11		開禧	趙師𥅆	反對韓侂冑議北伐。	〈趙師𥅆墓誌銘〉，頁476。
12			趙彥勵	修怨前官，罪及非辜。	《宋會要》職官73之36。
13			趙師𥅆	反對韓侂冑再戰。	〈趙師𥅆墓誌銘〉，頁475～476。
14		嘉定	趙善宣	應酬無取。	《宋會要》職官73之41。

〔註32〕（宋）李心傳，《要錄》卷162，紹興二十一年閏四月壬午條，頁3071：「尚書戶部侍郎兼權知臨安府宋貺罷。右正言章廈論：『貺市井小人，初無才術。左藏庫自去年闕乏，支遣不行，乃以臨安府公使、激賞、贍軍三庫那錢物支遣，又不勘虛實，令軍人自往漕司支散，及令捉事使臣於諸倡家強買婦人。貺，章惇甥壻。惇以誣罔宣仁之故，得旨子孫不得與行在差遣，而貺嘗假章悸錢數萬緡，乃辟其子為酒官。又每於省府事，輒曰：「此非貺意。」嫁怨於上，斂恩於己，此最害治之大者。望賜竄責，以為姦邪之戒。』故貺遂罷。」

〔註33〕（宋）李心傳，《雜記》乙集卷7，〈史文惠以直諫去位〉，頁617：「工部侍郎兼知臨安府趙磻老以失於彈壓，又不能收捕首先聚眾作鬧之人，亦放罷。」

〔註34〕《宋會要》職官72之51，〈黜降官九〉，冊，8，頁4996：「（淳熙十六年三月）二十六日，詔趙不流罷宮祠。以臣僚言不流昨尹京日，陰賊陰狠，附麗交結，撓政害民，既遭論列，於章疏未付出以前，徑入箚子，自請奉祠，紊冒天聽，故有是命。」

15	宋理宗	紹定	袁韶	被史彌遠懷疑其逼己，請祠、與郡。（罷政歸）	《延祐四明志》卷5，〈人物考中〉，14a，頁6208；《宋史・袁韶傳》，頁12451；（日）小林晃，〈南宋理宗朝前期における二つの政治抗争――『四明文献』から見た理宗親政の成立過程〉，《史學》，79卷第4期，2010年，頁31～60。
16			林介	救火不力。	《宋史・陳塏傳》，頁12639。
17		景定	余晦	可能坐吳潛、丁大全黨而罷。〔註35〕	《宋史全文》卷36，頁2898。
18			魏克愚	反對公田法。〔註36〕	《桐江集》卷3，〈乙亥前上書本末〉，頁430。
19			吳革	行都大火，或出彗星。〔註37〕	《宋史全文》，頁2925。
20	宋度宗	咸淳	孫子秀	以言罷。〔註38〕	《宋史・孫子秀傳》，頁12665、〈孫子秀行狀〉。
21			李芾	得罪賈似道。	《宋史・李芾傳》，頁13254。
22			潛說友	誤捕賈似道私秫。〔註39〕	

　　被罷職的22人次中，9人涉及瀆職，分別為宋睍、黃仁榮、沈度、趙磻老、趙不流、王厚之、林介、吳革、趙彥勵；8人捲入政治紛爭或得罪權臣，分別為曹泳、晁公武、徐誼、趙師㠭（第2任時）、袁韶、余晦（第2任時）、魏克愚、李芾、潛說友；原因不明者共3人，分別為莫濛、趙善宣、孫子秀。

　　由此可知，因政治因素而去位者佔第一位，瀆職而去位者居次，原因不明者第三。瀆職包括帳目處理不清、失於彈壓、救火不力、斷案荒謬；政治因素除黨派傾軋，如晁公武、徐誼、魏克愚、李芾；還包括原黨魁死亡而遭清

〔註35〕《宋史全文》卷36，理宗景定元年十月乙巳條，頁2898。余晦為丁大全黨羽，參見（宋）周密，《癸辛雜識》別集下，〈王惟忠〉，頁297。

〔註36〕（元）方回，《桐江集》（臺北：國立中央圖書館，民國59年），卷3，〈乙亥前上書本末〉，頁430。

〔註37〕《宋史全文》卷36，理宗景定五年七月甲戌條、甲申條，頁2925。

〔註38〕（宋）黃震，《黃氏日抄》（臺北：臺灣商務印書館，民國72年），卷96，〈安撫顯謨少卿孫公行狀〉，20b，收於《文淵閣四庫全書》，冊708，頁1033；又見《宋史》卷424，列傳183，〈孫子秀傳〉，頁12665。

〔註39〕（宋）周密，《癸辛雜識》別集上，〈潛說友〉，頁246。

算，如曹泳；雖為同黨卻被懷疑想奪位而排擠，如袁韶；因事觸怒黨魁而遭罷免，如趙師𩇕、潛說友。

5. 其他

因其他因素而離任者共 21 人次，原因相當多元化，茲根據〈附表 5〉簡化為下表 2-9，以利論述。

表 2-9：臨安知府其他因素離任表

編號	皇　帝	年號	知　府	離任原因	備　註
1	宋高宗	建炎	康允之	遁逃。	
2			胡舜陟	丁憂。	
3		紹興	孫覿	予宮觀。	得罪秦檜。〔註 40〕
4			宋煇	予宮觀。	被彈劾。〔註 41〕
5			盧知原	予宮觀。	被彈劾。〔註 42〕
6			俞俟	予宮觀。	從所請。
7			黃仁榮	丁母憂。	
8	宋孝宗	隆興	林安宅	予宮觀。	自請宮觀。〔註 43〕
9		乾道	胡昉	致仕。	

〔註 40〕 《咸淳臨安志》卷 89，〈紀事一〉，17a，頁 882：「紹興元年二月辛巳，禮部尚書兼侍讀秦檜參知政事，龍圖閣待制孫覿時知臨安府，以啟賀檜，有曰：『盡室航海，復還中州，四方傳聞，感涕交下。漢蘇武節旄盡落，止得屬國；唐杜甫麻鞋入見，乃拜拾遺。未有如公，獨參大政。』檜以為譏己，始大怒之。」

〔註 41〕 （宋）李心傳，《要錄》卷 61，紹興二年十二月庚子條，頁 1215：「秘閣修撰、知臨安府宋煇罷，以殿中侍御史曾統再疏，論其救火無術，罪戾至多，又受入內東頭供奉官符輔之請求，縱釋私酤故也。」《咸淳臨安志》卷 47，秩官 5，〈古今郡守表〉，3b，頁 454。

〔註 42〕 （宋）李心傳，《要錄》卷 66，紹興三年六月甲辰條，頁 1298：「徽猷閣待制、知臨安府盧知原充都督府參謀官……以左司諫唐煇言，知原為政乖繆也。章再上，詔知原以本職奉祠。知原以是月癸丑提舉江州太平觀，今附此。」

〔註 43〕 《宋會要》職官 71 之 5，〈黜降官八〉，冊 8，頁 4949：「（隆興元年八月）十一日，詔：『左朝請大夫、直顯謨閣林安宅，右朝請郎、新除直祕閣任盡言並罷宮祠，內盡言除職指揮更不施行。』以殿中侍御史周操論安宅被旨差知太平州，盡言知鎮江府，二人以防秋在近，詭避不行，各求宮觀，遂其所欲，致煩朝廷旋擇守臣。故有是命。」

10		淳熙	胡與可	予宮觀。	被彈劾。〔註44〕
11			吳淵	予宮觀。	
12			韓彥質	予宮觀。	
13	宋寧宗	慶元	丁逢	予宮觀。	被彈劾。〔註45〕
14		嘉泰	趙善堅	予宮觀。	被彈劾。〔註46〕
15			王補之	予宮觀。	被彈劾。〔註47〕
16		嘉定	王柟	丁母憂。	
17	宋度宗	咸淳	趙與訔	致仕。	
18	宋恭帝	德祐	曾淵子	遁逃。	
19			家鉉翁	為祈請使。	
20			賈餘慶	為祈請使。	
21			翁仲德	不明。	

　　由上表統計可知，因其他因素而離任，遁逃者 2 人，丁憂 3 人，致仕 2 人，為祈請使 2 人，宮觀 11 人，不明 1 人。其中宮觀人數最多，主要原因為被彈劾，彈劾內容多半與瀆職有關，如府城失火、枉法；較特別的是孫覿得罪秦檜，林安宅逃避新任命，前者被污以贓罪，〔註48〕後者被罷宮觀。祈請使

〔註44〕《宋會要》職官 72 之 14，〈黜降官九〉，冊 8，頁 4974～4975：「（淳熙四年九月）二十二日，知臨安府胡與可與外任宮觀。以言者論：『與可趨操柔邪，性姿詭譎。平生仕宦了無可稱，但以善於結託，脂韋苟且，累經除用，遂為臨安守臣。厚欲重征，以資妄費，凡有爭訟，非賄不行。與可身雖卑污，無以戢吏，獨於士夫之間，乃敢肆其凌藉，倨氣傲色，專為凶德。』故有是命。既而復言與可罰未當愆，遂寢宮祠之命。

〔註45〕《宋會要》職官 73 之 26，〈黜降官十〉，冊 9，頁 5015：「（慶元四年）六月八日，知臨安府丁逢放罷，與宮觀，理作自陳。以臣僚言：『逢為尹京畿，府側居民被火破家，從吏留火術之請，萬口嗟怨，絕無憂民之心。』」

〔註46〕《宋會要》職官 73 之 30，〈黜降官十〉，冊 9，頁 5017：「（嘉泰元年）七月三日，太中大夫、權工部侍郎、兼知臨安府趙善堅與宮觀，理作自陳。以臣僚言：『善堅叨尹京都，初無善政，都城遺漏，遂致燎原，由平時備不先具，羣小騎屋縱煙，訛言恐眾，不能彈壓。』故有是命。

〔註47〕《宋會要》73 之 34，〈黜降官十〉，冊 9，頁 5020：「（嘉泰四年）九月二十四日，戶部侍郎王蓮、太府卿兼知臨安府王補之並與宮觀，理作自陳。以臣僚言：『蓮賦資點傲，遇事躁浮；補之尹京無狀，措置乖方。』」

〔註48〕（宋）李心傳，《要錄》卷 53，紹興二年閏四月丁酉條，頁 1099：「左朝奉郎、提舉江州太平觀孫覿除名，象州羈管。先是，李光為吏部侍郎，上疏論覿知臨安府，盜用助軍錢四萬餘緡，呂頤浩、秦檜削光名，下其章付大理，落覿龍圖閣待制。至是，獄成，覿以眾證坐以經文紙箚之屬饋過客，計直千八百

是向交戰國派遣的外交使節，[註49]目的在謀求和平談判，宋末的家鉉翁、賈餘慶被任命為祈請使，則是為向蒙古求內附的象徵性派遣。遁逃則發生於戰爭時期，棄職逃亡。

四、離任後的仕途

根據〈附表4：南宋臨安知府遷轉表〉統計，曾任臨安知府，後仕至卿監者共64人，從官81人，執政21人，宰相6人，呂頤浩因在判臨安府前即已當過宰相，故不列入，其中或有重複者，然由此可知臨安知府這一職務，可說是通往高級官員的考核關卡，以下就據〈附表4〉為卿監、從官、執政、宰相立表論述。

表2-10：臨安知府仕途統計表

編號	職　稱	人　名	統計人數
1	左、右丞相	謝深甫、錢象祖、吳潛、文天祥、賈餘慶	5
2	樞密、參政	李光、席益、沈該、湯鵬舉、錢端禮、林安宅、王炎、姚憲、沈复、袁說友、袁韶、余天錫、馬光祖、黃萬石、家鉉翁	15
3	侍從官	季陵、孫覿、梁汝嘉、張澄、王晚、趙不棄、宋貺、曹泳、韓仲通、榮薿、趙子潚、吳芾、薛良朋、周淙、韓彥古、莫濛、晁公武、沈度、趙彥操、韓彥直、李椿、趙磻老、吳淵、王佐、韓彥質、張杓、趙不流、潘景珪、蔡戡、徐誼、謝源明、王溉、趙師䍐、朱晞顏、趙善先、丁常任、李澄、陳景思、趙彥勵、史彌堅、徐邦憲、趙時侃、陳廣壽、趙立夫、余鑄、顏頤仲、趙與懽、史岩之、趙與籌、余天任、余晦、翁甫、厲文翁、王克仁、徐桌、顧嵒、洪焘、趙與訔、高衡孫、季鏞、吳革、潛說友、黃萬石	63人
4	卿、監	汪思溫、張匯、王補之、趙師石、章良肱、黃犖、程覃、袁肅、何夢祥、葉隆禮、陶熾、劉良貴、孫子秀、胡太初、李芾、吳益	16

緒。有司言覿自盜當死，詔貸死，免決刺，所過發卒護送。連坐流徙者，又三十餘人。久之，二相免，覿上書訴枉，乃放還。」

〔註49〕《宋會要》職官51之49，〈祈請使‧通問使〉，冊8，頁4444：「建炎中興，未和則有祈請使、通問使。」

由上表統計，可知仕至宰相者 5 人，執政 15 人，從官 63 人，卿監 16 人。若單以宰執人數來看，或許缺乏決定性影響，然而加上從官，計有 84 人擠身政務官，佔 130 人中的 64.6%；若納入卿監，則有 100 人升至事務官以上職官，佔 76.9%，若考慮到大部分兼知臨安知府的卿監從官，都是先成為尚書、侍郎、卿監再兼知臨安府的情況，其中大部分的從官都帶「權」字，卿監從官兼知的意義為何，如將「輔弼之儲」的「儲」字納入考量，可將臨安知府一職視為對晉升高級政務官的考試。

不過，即便卸任後留在中央繼續任職，仕途也並非一帆風順，南宋中央政局的特色就是政局極不穩定，〔註50〕權相迭出，執政長達 80 年，〔註51〕超過南宋立國時間的一半。即便升任中、高級文官，捲入政爭的機率也增加，與其遭彈劾而罷，不如自請外出，還可累積政治資本，按照時間順序，位至從官以上，下舉 9 例為證，其中不乏知府圓滿離任，卻仍外調、捲入政爭而遭殃之人。

1. 趙子瀟（1101～1166）

趙子瀟，字清卿，秦王德芳五世孫，孝靖公令奧子，宣和進士，歷任真州刑曹掾、衢州推官、吏部郎中、江淮總領、兩浙轉運副使，紹興二十九年（1159）初任臨安知府。〔註52〕其二知臨安府卸任後仍在朝中擔任戶部侍郎，自請外出，據《宋會要》載：

> （隆興元年）五月二十二日，詔尚書戶部侍郎趙子瀟除敷文閣直學
> 士、知明州兼沿海制置使。從其請也。〔註53〕

趙子瀟是宗室，根據不成文的慣例，侍從官是他的仕途極限；〔註54〕宋孝宗出

〔註50〕 劉子健，〈包容政治的特點〉，收於氏著《兩宋史研究彙編》，頁 49～62。

〔註51〕 王明，《南宋宰相群體之研究》（新北市：花木蘭文化出版社，2014 年），頁 153～156。

〔註52〕 《宋史》卷 247，列傳 6，〈趙子瀟傳〉，頁 9746～9748；（宋）胡銓，《胡澹庵先生文集》（臺北：漢華出版社，民國 59 年），卷 24，〈龍圖閣學士贈少傅趙公墓誌銘〉，9a～12b，頁 1241～1242；《咸淳臨安志》卷 47，秩官 5，〈歷代郡守表〉，9b～10a，頁 457。

〔註53〕 《宋會要》選舉 34 之 12 至 13，〈特恩除職二〉，冊 10，頁 5914。

〔註54〕 （宋）李心傳，《要錄》卷 152，紹興十四年十一月壬申條，頁 2880；《宋會要》帝系 6 之 17，〈宗室雜錄三〉，冊 1，頁 149。宋代宗室研究，參見（美）賈志揚（John W.Chaffee）著，趙冬梅譯，《天潢貴胄：宋代宗室史》（南京：江蘇人民出版社，2010 年），頁 137；何兆泉，《兩宋宗室研究——以制度考察為中心》（上海：上海古籍出版社，2016 年），頁 231～236；拙作《南宋宗室與包容政治》（新北市：花木蘭文化出版社，2017 年），頁 98～114。

身宗室疏屬，對宗室態度較為友善，趙子瀟長於兵、財，施政嚴明，頗合孝宗心意，故委派其前往明州經營海防，後移知福州、泉州，均有善政。〔註55〕

2. 謝深甫（1139～1204）

謝深甫字子肅，台州臨海（今屬浙江）人，乾道二年（1166）進士，歷任嵊縣尉、崑山丞、知青田縣，受越帥方滋、錢端禮，侍御史葛邲、監察御史顏師魯、禮部侍郎王藺賞識、推薦，孝宗召見賜對，獲賞識，遷籍田令、大理丞，自此初入中央仕途，後又調為江東提舉常平，在地方官任內皆有善政。光宗即位，以左曹郎官借吏部尚書為賀生辰使出使金朝，紹熙改元，任右正言、起居郎兼權給事中，從此留在中央，紹熙二年（1191）知臨安府，終官至右丞相，以觀文殿大學士、醴泉觀使、少傅致仕，後贈太傅，其孫女謝道清（1210～1283）為宋理宗皇后。他的仕途堪稱平穩，慶元黨禁期間依附韓侂胄；余嘉上書請斬朱熹、禁偽學，指蔡元定為偽黨時，持正論卻下。〔註56〕他是少數擔任臨安知府後，一直留在中央持續升官，最終當至右丞相致仕的人，也因為其薨於嘉泰四年（1204），未經歷開禧—嘉定的政變事件，故能免於政治清算。

3. 錢象祖（1145～1211）

錢象祖，字伯同，台州臨海（今屬浙江）人，故參政錢端禮（1109～1177）孫，以祖父蔭補官，歷官太府寺主簿、丞，刑部郎官，歷知處、嚴、信、撫四州，江東運判，吏部郎官，樞密院檢詳文字，左司郎中。慶元元年（1195）以權工部侍郎兼知臨安府，同年十二月除工部侍郎，慶元四年（1198）出為江東安撫使、知建康府，〔註57〕嘉泰四年（1204）賜進士出身，同知樞密院事，終官至左丞相兼樞密使，出判福州，〔註58〕形成史彌遠獨佔政治利益的局面。

〔註55〕《宋史》卷247，列傳6，〈趙子瀟傳〉，頁8746～8748。

〔註56〕《宋史》卷394，列傳153，〈謝深甫傳〉，頁12038～12041；（宋）黃㽦，《嘉定赤城志》（北京：中華書局，1990年），卷33，〈人物門三〉，11a～11b，收於《宋元方志叢刊》，冊7，頁7534；（宋）樵川樵叟，《慶元黨禁》（臺北：新文豐出版公司，民國74年），卷首，收於《叢書集成新編》，冊26，頁433；（宋）李心傳，《道命錄》（臺北：新文豐出版公司，民國74年），卷7上，〈劉德秀論留丞相引偽學之徒以危社稷〉，收於《叢書集成新編》，冊100，頁194。

〔註57〕（宋）馬光祖，《景定建康志》（北京：中華書局，1990年），卷14，建康表10，〈國朝建炎以來為年表〉，32a，收於《宋元方志叢刊》，冊2，頁1506。

〔註58〕《嘉定赤城志》卷33，〈人物門三〉，21a～21b，收於《宋元方志叢刊》，冊

錢象祖其為韓侂胄黨，事見《慶元黨禁》，臨安知府任內曾協助逮捕、押送上書直言忤逆韓氏的太學生，〔註59〕亦曾送珠塔於韓侂胄，〔註60〕後因諫用兵事忤韓侂胄而罷，謫居信州，〔註61〕後改任浙東安撫使、知紹興府，〔註62〕因開禧北伐失利，復為參知政事，與史彌遠合謀誅殺韓侂胄，兼知樞密院事、右丞相兼樞密使，嘉定元年（1211）為左丞相兼樞密使，該年十二月罷，從此退出政壇。〔註63〕錢象祖的仕宦歷程，可以說和韓侂胄息息相關；臨安知府卸任，升為工部侍郎，也未能久留朝中，很快便出知建康府，其在臨安府任內，鮮有政績，目前僅見其對滯訟的處置提案。〔註64〕

4. 袁韶（1161～1237）

袁韶，字彥純，慶元府鄞縣（今浙江省寧波）人，與史彌遠是同鄉，知臨安府任期為第二長，紹定元年（1228）升同知樞密院事，因李全叛變之故，以同知院兼知臨安府、浙西制置使，實行京城戒嚴，因與鄭清之、薛極、葛洪等宰執在未知會史彌遠的情況下，取得理宗御筆任命前線將帥人事，被史彌遠懷疑「逼己」，罷政而歸。〔註65〕

5. 吳潛（1195～1262）

官至左丞相、許國公，位極人臣的吳潛，其仕宦之途波瀾萬丈。吳潛字毅夫，寧國府（今屬安徽）人，〔註66〕嘉熙四年（1240）五月，以工部尚書、

7，頁7539；《宋史》卷38，本紀38，〈寧宗二〉，頁735；《宋史》卷213，表4，〈宰輔四〉，頁5597；《宋會要》職官78之62，〈罷免下〉，冊9，頁5223。

〔註59〕 《慶元黨禁》卷首，收於《叢書集成新編》，冊26，頁434

〔註60〕 （宋）葉紹翁，《四朝聞見錄》（北京：中華書局，1989年），丙集，〈單夔知夔州〉，頁130。

〔註61〕 《宋史》卷38，本紀38，〈寧宗二〉，頁740；同書卷243，列傳2，〈楊皇后傳〉，頁8657；同書卷398，列傳157，〈李壁傳〉，頁12107。

〔註62〕 （宋）張淏，《寶慶會稽續志》（臺北：成文出版社，民國72年），卷2，〈安撫題名〉，2a～2b，頁6544。

〔註63〕 《宋史》卷38，本紀38，〈寧宗二〉，頁745、746、747；同書卷39，本紀39，〈寧宗三〉，頁751。

〔註64〕 《宋會要》刑法3之37，〈訴訟〉，冊14，頁8412。

〔註65〕 《延祐四明志》卷5，〈人物考中〉，14a，頁6208；《宋史》卷415，列傳174，〈袁韶傳〉，頁12451；（日）小林晃，〈南宋理宗朝前期における二つの政治抗争——『四明文献』から見た理宗親政の成立過程〉，《史學》，79卷第4期，2010年，頁35、38。

〔註66〕 《宋史》卷418，列傳177，〈吳潛傳〉，頁12515。

兼吏部尚書、兼知臨安府，後再兼任侍讀，再以工部尚書、兼吏部尚書、兼侍讀免兼知臨安府，〔註67〕出為浙東安撫使知紹興府、建寧府、提舉南京鴻慶宮，皆不就，〔註68〕至淳祐七年（1247）召為翰林學士兼侍讀，再轉同簽書樞密院事、兼參知政事，這是他第一次成為執政，〔註69〕然很快就因氣候異常而罷任，出為福建安撫使，再轉任浙東安撫使，〔註70〕淳祐九年（1149）再度回朝為同知樞密院事、兼參知政事，〔註71〕淳祐十年（1150）再度出為沿江制置使，〔註72〕淳祐十一年（1151）第一次拜相，為右丞相兼樞密使，然而很快就在隔年罷相，提舉江州太平興國宮，〔註73〕再出為沿海制置大使、判慶元府，〔註74〕開慶元年（1259）召為右丞相兼樞密使，最後因得罪宋理宗、賈似道，死於貶所循州。〔註75〕吳潛知臨安府僅三個月，在他的人生中，臨安知府一職恐怕只起到「輔弼之儲」的資格作用，沒過多久他便初拜執政，〔註76〕其在臨安知府任內的行事記錄也多半與侍讀有關，多為勸諫理宗修德反思，〔註77〕或許有進行賑濟活動，〔註78〕然缺乏直接記錄，其在知府任內，對臨安府的影響微乎其微。

6. 余晦（生卒年不詳）

另一種情況，是在朝中待不下去而外調，如余天錫的姪兒余晦，其字養

〔註67〕《咸淳臨安志》卷49，秩官7，〈古今郡守表〉，4a，頁468。

〔註68〕《宋史》卷418，列傳177，〈吳潛傳〉，頁12518。

〔註69〕《宋史》卷214，表5，〈宰輔五〉，頁5625。

〔註70〕《宋史》卷418，列傳177，〈吳潛傳〉，頁12518。

〔註71〕《宋史》卷214，表5，〈宰輔五〉，頁5628。

〔註72〕《宋史》卷214，表5，〈宰輔五〉，頁5629。

〔註73〕《宋史》卷214，表5，〈宰輔五〉，頁5630〜5631。

〔註74〕《宋史》卷418，列傳177，〈吳潛傳〉，頁12518。

〔註75〕吳潛因立儲之事得罪宋理宗，見《宋史》卷418，列傳177，〈吳潛傳〉，頁12519；又於開慶之役，蒙軍渡江、議遷都時再度得罪，見《宋史》卷425，列傳184，〈劉應龍傳〉，頁12669〜12670；得罪賈似道，見《宋史全文》卷36，理宗開慶元年十一月庚子條，頁2886〜2887、（元）劉一清撰，王瑞來校箋考原，《錢塘遺事校箋考原》（北京：中華書局，2016年）卷4，〈吳潛入相〉，頁112（以下簡稱《錢塘遺事》）、《宋季三朝政要箋證》卷3，理宗景定三年五月條，頁292〜293。

〔註76〕古欣芸，《吳潛與南宋理宗朝政治》，東吳大學歷史學系碩士論文，2004年，頁109。

〔註77〕《宋史》卷418，列傳177，〈吳潛傳〉，頁12518。

〔註78〕《宋史全文》卷33，理宗嘉熙四年七月甲子條，頁2740：「出封椿庫緡錢三十萬貫，賑臨安府貧民。」吳潛在八月離任，或許有參與到這次賑濟活動。

明，〔註79〕調為大理少卿後，再調為司農少卿，出為四川宣諭使，再除刑部侍郎、四川安撫制置使兼知重慶府、兼四川總領，據《宋史》載：

> （寶祐元年）六月庚申，以余晦為司農卿、四川宣諭使……八月丙辰，以余晦權刑部侍郎、四川安撫制置使、知重慶府兼四川總領財賦。〔註80〕

然而其才望不足，反而壞了四川局勢，為掩飾過失，陷害其同鄉王惟忠，宋理宗對他多所迴護，〔註81〕僅被奪去刑部侍郎告身，〔註82〕之後歷任淮西總領、〔註83〕平江知府、〔註84〕知慶元府，〔註85〕景定元年（1260）五月再度以戶部侍郎兼知臨安府，同年九月升權戶部尚書，十月罷官。〔註86〕

7. 顧嵒（生卒年不詳）

顧嵒為丁大全黨人，於寶祐五年（1257）十二月權發遣戶部判官公事兼知臨安府，開慶元年（1259）九月除吏部侍郎，其女差一步成為太子妃，因丁大全遭革職、流放，此事作罷，其官職也被罷去。〔註87〕

8. 文天祥（1236～1283）

文天祥字宋瑞，又字履善，吉州廬陵（今江西吉安縣）人，少從歐陽守道（1208～1272）學，寶祐四年（1256）進士，理宗親擢為狀元，因丁父憂而未即時出仕，服除，授其簽書寧海軍節度判官廳公事、簽書鎮南軍節度判官廳公事，皆因上書不被採納而不赴任，求為主管建昌軍仙都觀，景定二年

〔註79〕《宋史》卷418，列傳177，〈程元鳳傳〉，頁12521：「余晦以從父天錫恃恩妄作，三學諸生伏闕上書白其罪狀，司業蔡抗又力言之，元鳳數其罪劾之。奏上，以晦為大理少卿，抗為宗正少卿。元鳳又上疏留抗而黜晦，以安士心。乃命抗仍兼司業，晦予郡。」（宋）周密，《癸辛雜識》別集下，〈余晦〉，頁295。

〔註80〕《宋史》卷43，本紀43，〈理宗三〉，頁848。《癸辛雜識》記其為司農少卿兼四川宣慰使，見別集下，〈余玠〉，頁296。

〔註81〕（宋）周密，《癸辛雜識》別集下，〈余玠〉，頁296～297。

〔註82〕《宋史》卷，本紀43，〈理宗三〉，頁853。

〔註83〕《宋史》卷44，本紀44，〈理宗四〉，頁859。

〔註84〕《宋史》卷44，本紀44，〈理宗四〉，頁862。

〔註85〕《延祐四明志》卷2，〈職官考上〉，13a，收於《宋元方志叢刊》，冊6，頁6159。

〔註86〕《咸淳臨安志》卷49，秩官7，〈古今郡守表〉，10a，頁471。

〔註87〕顧嵒兼知臨安府事，見《咸淳臨安志》卷49，秩官7，〈古今郡守表〉，9a，頁471。其為丁大全黨人、其女差點成為太子妃，事見《宋史》卷45，本紀45，〈理宗五〉，頁879；又見於同書卷243，列傳2，〈度宗全皇后傳〉，頁8661、《宋季三朝政要箋證》卷3，理宗景定元年十月條，頁272～273。

（1261）為祕書省正字，隔年就任，這是他第一個履任的職位，後歷任刑部郎官、景獻太子府教授、知瑞州、禮部郎官、江西提刑、吏部郎官、兼權直學士院、兼國史院編修官、兼實錄院檢討官、知寧國府、軍器監兼右司、祕書少監、知平江府、知臨安府等職，終官右丞相兼樞密使，而宋旋亡國，其隨端宗、帝昺轉戰，謀求中興，於五坡嶺被俘，始終不屈，至元十九年（1282）遇害。〔註88〕觀其仕途，因敢言、直言而家居為多，其任臨安知府已距宋亡不遠，旋升右丞相兼樞密使，由此可見宋人的政治文化中，對臨安知府一職的重視。

9. 家鉉翁（1213~1297）、賈餘慶（生卒年不詳）

家鉉翁，號則堂，眉州（今四川眉山市）人，以蔭補官，累官知常州、浙東提刑、樞密都承旨知建寧府兼福建路運副、權戶部侍郎兼知臨安府，賜進士，終官簽書樞密院事，而宋旋亡，為祈請使至大都，宋亡不仕。〔註89〕觀其履歷，以權戶部侍郎知臨安府後，升戶部侍郎、權吏部侍郎，賜進士才得以為執政，由此可知宋人升遷重資歷的政治文化。

賈餘慶的仕宦事蹟不詳，宋末宦途履歷為知臨安府→簽書樞密院事兼知臨安府→右丞相，宋亡以祈請使身份前往大都，〔註90〕其履歷亦循臨安知府、執政、宰相之途徑升遷。

由上述 10 例可知，南宋朝政的不穩定性；對宰執而言，臨安知府雖非充要履歷，仍為充分條件，尤以宋末宰執的升遷，得以看出宋人政治文化中，對宰執履歷的理想模式。

第三節　曾任臨安知府者的完整遷轉路徑

一、現有人數及其資料來源

目前能掌握到可知較完整履歷，曾任臨安知府的南宋官員的人數是 23

〔註88〕《宋史》卷 418，列傳 177，〈文天祥傳〉，頁 12533~12540；夏延章，〈文天祥年譜〉，《吉安師專學報‧哲學社會科學版》，16 卷第 1 期，1995 年，頁 23~36。

〔註89〕《宋史》卷 421，列傳 180，〈家鉉翁傳〉，頁 12598~12599；（清）王梓材輯，《宋元學案補遺》（臺北：新文豐出版公司，民國 78 年），卷 58，〈家則堂先生鉉翁〉，43b~46b，收於《叢書集成續編》，冊 250，頁 200~201。

〔註90〕《宋史》卷 47，本紀 47，〈瀛國公紀〉，頁 937、938；同書卷 214，表 5，〈宰輔五〉，頁 5655；同書卷 418，列傳 177，〈文天祥傳〉，頁 12536。

人，佔知府總人數 130 的 18%，資料來源為墓誌銘、行狀、神道碑和年譜，時段分佈於南宋初期、中期和晚期，藉由其履歷可知其任臨安知府前、後之遷轉升、降，藉此得任臨安知府所需具備的資歷，以及在仕途中的重要程度。以下就這 23 人作表 2-11 羅列其一生履歷。

表 2-11：臨安知府履歷表

編號	姓　名	履　歷	資料來源
1	胡舜陟	太學進士→將侍郎、越州山陰縣主簿→會稽儒學教諭→通直郎、秀州教授→奉議郎、睦親宅宗子博士→御史臺檢法官→朝奉郎、監察御史→丁母憂→監察御史→侍御史→秘閣修撰、知廬州→朝奉大夫、集英殿修撰→朝請大夫、徽猷閣待制、淮西制置使→沿江都制置使、知建康府→兩浙宣撫司參謀官→降右文殿修撰→奉直大夫、知臨安府→徽猷閣待制→丁父憂→知江州、沿江安撫使→充京畿數路宣撫使→盧、壽等州宣撫使→淮西安撫使→知廣州→徽猷閣學士、知靜江府、廣西經略安撫使→罷職、與祠→知靜江府、廣西經略安撫使→封新安伯、金紫光祿大夫、明國公、食邑九百戶→下靜江府獄，卒。	〈胡少師年譜〉
2	梁汝嘉	登仕郎（外祖父何執中奏蔭）→迪功郎、主管吏部官告院→儒林郎、中山府司兵曹事→儀曹→改京秩、燕山府路帥幕→丁母憂→知常州武進縣→常州通判→加直秘閣→遷秩一等→特遷承議郎→提舉兩浙路茶鹽公事→浙漕判官→浙漕副使兼知臨安府→直龍圖閣知臨安府→徽猷閣待制→戶部侍郎兼知臨安府→顯謨閣直學士→兼浙西安撫使→戶部侍郎兼隨駕都轉運使兼浙西沿海制置使→戶部侍郎→寶文閣直學士、知平江府→知台州→知婺州→戶部侍郎→權尚書兼江、淮、荊、廣經制使→權太常寺兼詳定一司敕令→與祠→川陝都轉運使→知平江府兼浙西沿海制置使→兼浙東沿海制置使→升寶文閣學士→與祠→知溫州→知宣州→與祠→知鼎州→與祠→卒。	〈梁汝嘉神道碑〉
3	汪思溫	太學進士→將仕郎、河南府登封縣尉→雄州州學教授→衢州西安縣尉→承奉郎、知越州餘姚縣、監河南草場→朝奉郎、鄆王、肅王、景王府贊讀→朝散郎、提舉江南西路茶鹽公事→屯田員外郎→倉部員外郎→吏部員外郎→朝奉大夫→左朝奉大夫、知衢	〈汪思溫墓誌銘〉

		州→降秩二等、罷歸→吏部員外郎→朝散大夫、司農少卿→直徽猷閣、知湖州→太府少卿→ 太府少卿兼知臨安府 →免兼→左朝請大夫、直顯謨閣、兩浙運副→太府少卿→與祠→卒。	
4	李謨	進士→通州司法參軍→文林郎、江州軍事判官→宣教郎、通判信安軍→承議郎→太常丞→高陽關路安撫都總管司主管機宜文字→京東西路提舉鹽茶香礬事→河北東路提舉鹽茶香礬事→京東路提舉鹽茶香礬事→直徽猷閣、提舉措置河北燕山府路糴使公事→直祕閣→節制慶源府事→直徽猷閣、知慶源府→河北、河東路宣撫使司參謀官→朝請大夫→江南東路運副→朝議大夫→簽書樞密院事、江淮兩浙路制置使→罷→丁母憂→與祠→浙漕運副→左中奉大夫、知鎮江府→ 直寶文閣、知臨安府 →知鎮江府→請祠→卒。	〈李謨墓誌銘〉
5	呂頤浩	進士→大名府成安縣尉→密州司戶參軍→大名府國子監教授→邠州教授→改宣德郎→周王宮宗子博士→延安府通判→兩浙路提舉常平等事→提舉蔡河撥發措置糴買→河北東路提舉常平等事→直祕閣→太府少卿→河北路轉運判官→直龍圖閣、河北路轉運副使→朝奉大夫、右文殿修撰→徽猷閣待制、河北路都轉運使→落徽猷閣待制、仍河北路都轉運使兼經制燕山→復職，進徽猷閣直學士→丁母憂→起復還任→被郭藥師劫持降金→放還→河北路都轉運使→請祠→徽猷閣直學士、知揚州→試戶部侍郎兼權知揚州→試戶部尚書兼知揚州→試吏部尚書→資政殿大學士、充江浙制置使→同簽書樞密院事、江浙兩淮制置使→簽書樞密院事兼領江寧府事→江南東路安撫制置使兼知江寧府→宣奉大夫、守尚書右僕射兼中書侍郎兼御營使→同中書門下平章事仍兼御營使→鎮南軍節度使、開府儀同三司、醴泉觀使→江東安撫制置大使、知池州→兼淮南宣撫使、領壽春府、滁廬和州、無為軍→少保、尚書左僕射、同中書門下平章事兼知樞密院事→都督江、淮、荊、浙諸軍事，開府鎮江→還朝→特進、觀文殿大學士、與祠→湖南安撫、制置大使兼知潭州→ 少保、浙西安撫制置大使、知臨安府、行宮留守 →知鎮江府→成國公→少傅、鎮南定江軍節度使、江東安撫制置大使兼知建康府、行宮留守→醴泉觀使→卒。	〈呂頤浩年譜〉

6	蔣璨	奏補假承務郎→將仕郎、婺州蘭溪縣主簿→監泰州海安倉→通仕郎、開封府酸棗縣主簿→文林郎→宣義郎、監京東抽稅竹木場→宣教郎、編修道史局檢閱官→丁母憂→都水監丞→通直郎、提舉江西常平→右朝散郎、知撫州→與祠→比部員外郎、知通州→右朝奉大夫→提舉淮南東西路茶鹽公事→直祕閣、淮南東路運判→直徽猷閣、淮南東路運副→直寶文閣、知揚州→兩浙路運副→<u>右中奉大夫、直龍圖閣、知臨安府</u>→兩浙路運副→江南西路運副→淮南路運副兼提刑→知鎮江府→與祠→右中大夫→淮南路運副→戶部侍郎→集賢殿修撰、知平江府→敷文閣待制、右太中大夫→貶右中大夫、與祠→右太中大夫→卒→贈右正議大夫。	〈蔣璨墓誌銘〉
7	趙士衯	右班殿直→右侍禁→忠訓郎、京畿監牧司準備差使→上舍出身→換承奉郎→特轉宣教郎、充開德府司儀曹事→宣教郎、嵐州通判→奉議郎、淄州通判→攝州事→承議郎→朝奉郎、知無為軍→江東路運判→左朝請大夫、兩浙路運判→<u>以浙漕運判兼知臨安府→直祕閣正知</u>→直敷文閣、知紹興府→左朝議大夫→直直龍圖閣→罷→左中奉大夫、賜服金紫→卒。	〈趙士衯墓誌銘〉
8	趙子潚	進士→真州刑曹→辭職→從事郎、衢州推官兼安撫司機密文書→承直郎、浦城縣丞→攝知縣→餘姚縣丞→瑞州通判→廣德軍通判→待闕→宣州通判→將作少監→吏部郎中→戶部郎中、江淮總領→左朝請大夫、直祕閣、兩浙路運副→<u>直敷文閣、權發遣臨安府</u>→直徽猷閣→左朝議大夫、戶部侍郎→<u>敷文閣待制、知臨安府</u>→戶部侍郎、兼知臨安府→<u>充行宮留守參謀官</u>→罷→敷文閣直學士、知明州、兼沿海制置使→龍圖閣直學士、知福州→龍圖閣學士、知泉州→卒。	〈趙子潚墓誌銘〉、《宋史·趙子潚傳》、《咸淳臨安志》
9	錢端禮	宣義郎（蔭補）→賜緋→賜金紫、與祠→監登聞鼓院→與祠→添差台州通判→與祠→明州通判→直祕閣→兩浙路運判→直徽猷閣→直寶文閣→罷→淮東路運副→直龍圖閣、知婺州→丁母憂→知衢州→罷→知撫州、病辭→太府少卿→右中大夫、祕閣修撰、兩浙路運副→右文殿修撰→<u>右文殿修撰、知臨安府</u>→權戶部侍郎→兼樞密院都承旨→<u>太中大夫、權戶部侍郎、兼知臨安府</u>→丁父憂→戶部侍郎、兼樞密院都承旨→暫為吏部侍郎→淮東宣諭使→吏部侍郎→試兵部尚書、都督府參贊軍事→大禮	〈錢端禮行狀〉、《咸淳臨安志》、《宋史·錢端禮傳》

		鹵簿使→兼戶部尚書→端明殿學士、同簽書樞密院事、賜同進士出身→兼權參知政事→參知政事、權知樞密院事→禮儀使→充德壽宮使→攝相事、提舉玉牒、監修國史→資政殿大學士、與祠、奉朝請→兼侍讀→與祠→知寧國府→知紹興府→觀文殿學士→與祠→降資政殿學士、罷→通奉大夫→與祠→資政殿大學士→乞致仕、觀文殿學士→卒。	
10	吳芾	進士→溫州樂清縣尉→平江府錄事參軍→詳定一司敕令所刪定官→祕書省正字→罷→處州通判→婺州通判→紹興府通判→丁憂→知處州→丁憂→監察御史→殿中侍御史→權戶部侍郎→集英殿修撰、知婺州→知紹興府、充浙東安撫使→權刑部侍郎→左朝議大夫、試吏部侍郎→敷文閣直學士、知臨安府、充浙西安撫使→吏部侍郎→下遷禮部侍郎→與祠→知太平州→徽猷閣直學士、知隆興府、充江西安撫使→與祠→龍圖閣直學士、致仕→通奉大夫→卒。	〈吳芾神道碑〉、《咸淳臨安志》、《宋史·吳芾傳》
11	薛良朋	進士→左宣教郎、知處州麗水縣→國子監主簿→御史臺檢法官兼主簿→尚書郎→左朝奉郎、知徽州→池州→左朝請郎、江南東路運副→淮西宣諭司參議官→左朝奉大夫、直顯謨閣、兩浙路運副→知臨安府→直龍圖閣→權工部侍郎→賀正旦使→吏部侍郎→敷文閣直學士、左中大夫、知福州→知泉州→知江陵府→成都府路安撫使→通奉大夫、四川安撫制置使→與祠→卒→贈光祿大夫。	〈薛良朋壙志〉、《要錄》、《新安志》、《淳熙三山志》、《咸淳臨安志》、《宋會要》職官41之11、《宋史》、《宋元學案補遺》
12	李椿	迪功郎（蔭補）→潭州衡山縣尉→桂陽監司理參軍→衡州軍事判官→寧國軍節度推官→兩淮制置司準備差遣→宣撫司、江淮都督府準備差遣→監登聞鼓院→知鄂州→廣西路提刑→荊湖南路運判→吏部員外郎→樞密院檢詳諸房文字→左司員外郎→直龍圖閣、荊湖南路運副→都大提舉四川茶馬→荊湖南路運副→攝安撫使、知潭州→司農卿→朝奉郎、司農卿、兼知臨安府→罷兼→知婺州→祕閣修撰→吏部侍郎→集英殿修撰、知太平州→敷文閣待制、致仕→顯謨閣待制、知潭州、湖南安撫使→敷文閣直學士、致仕→卒。	〈李椿墓誌銘〉、《咸淳臨安志》、《宋史·李椿傳》
13	王佐	進士→承事郎、祕書省校書郎→與祠→丁父憂→祕書郎、兼玉牒所檢討官→吏部員外郎→暫兼右司員外郎→起居郎→知永州→知吉州→直寶文閣→中書門下省檢正諸房公事兼權戶部侍郎兼侍講→江淮都督府參謀官→罷參謀官→權吏部事郎→直寶	〈王佐墓誌銘〉、《咸淳臨安志》、《宋會要》職官72之6、〈黜降官九〉

		文閣、知宣州→知建康府、行宮留守→削官、勒停、建昌軍居住→復官、與祠→知饒州→直寶文閣、宗正少卿、兼權戶部侍郎→南郊玉輅執綏官→罷→與祠→福建路運判→知潭州→祕閣修撰→集英殿修撰→顯謨閣待制→知揚州→知平江府→試工部事郎、兼知臨安府→降一官、權工部尚書、兼知臨安府→兼侍講→兼侍讀→權戶部尚書→寶文閣直學士、與祠→丁母憂→與祠→正議大夫、致仕→卒→贈銀青光祿大夫。	
14	徐誼	進士→池州教授→太學博士→樞密院編修官→太常丞→丁父憂→知徽州→浙西提舉常平→吏部郎（中、員外郎）→左、右司郎官（中、員外郎）→中書門下省檢正諸房公事兼權刑部侍郎→權工部侍郎、兼知臨安府→罷→惠州團練副使、南安軍安置→移袁、婺州安置→聽自便→復朝散大夫、提舉崇道觀→知江州→除集英殿修撰→寶謨閣待制、知建康府、江淮制置使→知隆興府→病卒→贈兵部侍郎→諡忠文。	〈寶謨閣待制知隆興府徐公墓誌銘〉、《宋會要》禮58之9、《宋史‧徐誼傳》
15	趙師𡾟	平江府司戶參軍、兩浙路轉運司屬官（蔭補）→進士→司農寺主簿→大理寺丞→大理寺正→將作少監、兼戶部、金部郎中→丁父憂→知吉州→兼都大提點坑冶鑄錢司→戶部郎官、淮東總領→太府少卿→與祠→淮南路運判→直祕閣→罷→太府少卿、淮西總領→罷→與祠→直祕閣、兩浙路運副→中奉大夫、直寶文閣→司農卿、兼知臨安府→權工部侍郎、兼知臨安府→權戶部侍郎、兼知臨安府→華文閣待制、與祠→丁憂→知揚州→龍圖閣待制→太中大夫、權工部尚書、兼知臨安府→權戶部尚書、兼知臨安府→戶部尚書、兼知臨安府→罷→知紹興府→寶謨閣學士、太中大夫、知廬州→工部尚書、兼知臨安府→通議大夫→兼國用局參計官→罷→寶謨閣直學士、知鎮江府→寶謨閣直學士、與祠→寶謨閣直學士、正議大夫、兵部尚書、兼知臨安府→免兼→兼詳定敕令官→寶謨閣學士、與祠→卒。	〈趙師𡾟墓誌銘〉、《咸淳臨安志》
16	朱晞顏	進士→丁憂→荊門軍當陽縣尉→從政郎、靖州永平縣令→（改京官）知蘄州廣濟縣→閬州通判→知興國軍→丁憂→知吉州→提舉廣南西路鹽事→廣南路運判→直祕閣、京西路轉運判官→知靜江府、主管廣南西路經略安撫司公事→直煥章閣→中大夫→軍器監→太府少卿、淮東總領→太府少卿→權工	〈朱晞顏行狀〉、《咸淳臨安志》

		部侍郎→兼實錄院同修撰→<u>太中大夫、權工部侍郎、兼實錄院同修撰、兼知臨安府→工部侍郎、兼知臨安府</u>→免兼→卒→贈宣奉大夫。	
17	陳景思	承奉郎（蔭補）、監平江府糧料院→淮東總領所幹辦公事→籍田令→太府寺主簿→太府寺丞→宗正寺丞、兼金部郎中→將作少監、兼右司郎中→兼刪修敕令官→朝奉郎、將作監→直祕閣、兩浙路運判→<u>兩浙路運判暫兼知臨安府</u>→免兼→兩浙路運副→直煥章閣、太府卿、兼兵部侍郎→兼國用司參計官→與祠→江南西路運副→罷→與祠→卒→直煥章閣、致仕。	〈陳景思墓誌銘〉、《宋會要》職官 61 之 35，〈以官回授〉、《咸淳臨安志》
18	黃犖	將仕郎（蔭補）→丁憂→丁憂→吉州龍泉縣主簿→攝知縣→汀州連城縣令→宣教郎、知湖州歸安縣→諸軍審計司幹辦官→軍器監主簿→軍器監丞→司農寺丞→大宗正丞→攝司封郎官→大理正、兼司封郎官→承議郎、浙西提舉常平茶鹽公事→吏部郎中→樞密院檢詳文字→兼都承旨→右司郎中→兼左司郎中→太府少卿→中書門下省檢正諸房公事→接伴使→直顯謨閣、兩浙路運判→<u>暫兼權知臨安府</u>→免兼→兩浙路運副→太府卿→淮南路轉運副使、兼提刑→祕閣修撰→卒。	〈黃犖行狀〉、《咸淳臨安志》、《吳郡志》
19	程覃	？→知廣州、廣南東路經略安撫司→朝奉大夫、浙東提舉常平茶鹽公事、兼提刑、兼知慶元府、兼權沿海制置司公事（嘉定六年）→兩浙路轉運司、攝知慶元府（嘉定九年）→朝請大夫、新除大理少卿→<u>直徽猷閣、知臨安府→司農卿、兼知臨安府</u>→免兼→中散大夫、司農卿、淮東總領、兼權知鎮江府（嘉定十二年）→中大夫、直徽猷閣、知紹興府（紹定四年）→祕閣修撰→司農卿→？→中大夫、集英殿修撰、司農卿、致仕→卒→贈通議大夫。	〈程覃墓誌銘〉、《咸淳臨安志》、《寶慶四明志》、《至順鎮江志》、《寶慶會稽續志》
20	顏頤仲	通仕郎→寧化縣尉→承務郎→西安縣丞→攝知縣→知西安縣→丁憂→兩浙路轉運司幹辦公事→臨安府通判→將作監主簿→知嚴州→司農寺丞→兼金部郎官→直祕閣、兩浙路運判→<u>兩浙路運判、兼知臨安府→戶部郎中、兼知臨安府→將作監、兼知臨安府→朝請郎→太府少卿、兼知臨安府→朝奉大夫</u>→免兼→直祕閣、與祠→廣南西路運判→太府卿、兼敕令所刪修官→司農卿、兼左司郎中→兼權戶部侍郎→直寶謨閣、知寧國府→浙東提刑→與祠→知泉州→祕閣修撰、兼福建路提刑→與祠→知溫州→右文殿修撰、知慶元府、沿海制置副使→集	〈顏頤仲神道碑〉、《咸淳臨安志》

		英殿修撰、沿海制置使→寶章閣待制→兵部侍郎→與祠→刑部侍郎→兼敕令所詳定官→權兵部尚書→權刑部尚書、兼知臨安府→吏部尚書→寶章閣學士、與祠→致仕→卒→贈四官。	
21	吳潛	進士→承事郎、簽書鎮東節度判官→與祠→降承務郎→承事郎、與祠→揚州通判→與祠→宣教郎→奉議郎→丁憂→祕書省正字→校書郎、添差嘉興府通判、攝嘉興府事→承議郎、行祕書省正字→祕書省行校書郎→朝散郎、金部員外郎→添差嘉興府通判→權發遣嘉興府事→尚右郎官→吏部員外郎、兼國史編修、實錄院檢討官→太府少卿、淮西總領→朝散大夫→直寶章閣、太府少卿、淮西總領→太府卿、權沿江制置使、知建康府、江東安撫司、兼行宮留守→祕閣修撰、樞密院都承旨→與祠→祕閣修撰、江南西路轉運副使→太常少卿、知鎮江府→兼知隆興府、主管江西安撫司→太常少卿→朝請大夫→右文殿修撰→權兵部侍郎、兼中書門下省檢正諸房公事→知平江府→工部侍郎、兼浙西提舉→與祠→寶謨閣待制、與祠→知太平州、淮東總領→試戶部侍郎、知鎮江府→試戶部侍郎、淮東總領、兼知鎮江府→朝議大夫→寶謨閣直學士、兼浙西提舉大都坑冶公事→權兵部尚書、浙西制置使→敷文閣直學士、知慶元府、沿海制置使→工部尚書→中奉大夫、工部尚書、兼吏部尚書、兼知臨安府→兼侍讀→工部尚書、兼吏部尚書、兼侍讀免兼→奪職、罷新任→與祠→寶謨閣學士、知紹興府、浙東安撫使→與祠→中奉大夫、試工部尚書兼吏部尚書→與祠→丁憂→試兵部尚書、兼侍讀→中大夫→太中大夫→翰林學士知制誥、兼侍讀→端明殿學士、簽書樞密院事→與祠→資政殿學士、與祠→知福州、福建路安撫使→知紹興府、浙東安撫使→同知樞密院事、兼參知政事、同提舉敕令編修官、同提舉編修《武經要略》→參知政事、同提舉敕令編修官、同提舉編修《武經要略》→通議大夫→宣奉大夫、右丞相兼樞密使→觀文殿大學士、與祠→判慶元府、言害制置使→觀文殿大學士、判寧國府→醴泉觀使兼侍讀→特進、左丞相→罷→落觀文殿大學士、罷祠、建昌軍安置→徙潮州→化州團練使、循州安置→卒。	〈吳潛年譜〉、《咸淳臨安志》、《宋史・吳潛傳》
22	孫子秀	進士→吳縣主簿→淮東總領所中酒庫→滁州教授→從政郎、知金壇縣（淳祐四年）→慶元府通判→行在諸司糧料院幹辦官→知衢州→太常寺丞→大	〈孫子秀行狀〉、《咸淳臨安志》、《寶慶會稽續

		宗正丞→金部郎官、兼國史院編修官、實錄院檢討官→左司兼右司、兼金部→知吉州→罷→提舉浙西常平→浙西提刑→朝請郎、浙西提刑、兼知常州→大理少卿、直華文閣、浙東提刑、兼知婺州（景定二年）→浙西提刑→江東提刑→太常少卿、兼右司→太常少卿、兼右司暫兼權知臨安府→司農卿、兼知臨安府→罷→知婺州→卒。	志》、《咸淳毗陵志》、《至順鎮江志》、《宋史‧孫子秀傳》
23	文天祥	進士→丁父憂→承事郎、簽書寧海軍節度判官→與祠→祕書省正字→兼景獻太子府教授→校書郎→著作佐郎→兼刑部郎官→知瑞州→禮部郎官→江西提刑→罷→左司郎官→兼權直學士院、兼國史院編修官、實錄院檢討官→罷→知寧國府→軍器監、兼右司→免兼右司→→兼崇政殿說書→兼權直學士院、兼玉牒所檢討官→祕書少監、兼職依舊→罷→湖南提刑→知贛州→右文殿修撰、樞密副都承旨、江西安撫副使、兼知贛州→兼江西提刑→集英殿修撰、江西安撫使→權兵部侍郎、職任依舊→丁憂、起復→權兵部尚書、職任依舊→浙西、江東制置使、兼江西安撫大使、知平江府事→端明殿學士→資政殿學士、浙西江東制置大使、兼江西安撫大使→簽書樞密院事→知臨安府→樞密使→右丞相兼樞密使→觀文殿學士、侍讀→通議大夫、右丞相兼樞密使、都督諸路軍馬→樞密使、同都督諸路軍馬→銀青光祿大夫→少保、信國公→被俘→宋亡→不屈、久囚→從容就義。	〈文天祥年譜〉《宋史‧文天祥傳》

其中 13 人為進士出身起家，9 人為蔭補官，1 人不明，不明者為程覃，推測亦是蔭補起家。蔭補起家者中，又有 3 人考上或獲賜進士出身，這 3 人中的錢端禮是拜執政時依例獲賜；趙士粲是南班宗室，賜名授環衛官，後中進士，改授文階。以進士起家者，除非成績優秀如王佐、吳潛、文天祥，大多從選人階、地方州縣幕職官起步仕途；蔭補則是看祖、父輩官階，低者從選人，高者從京官起家，如曾任臨安知府的徐邦憲，官至顯謨閣待制，蔭補其子徐謂禮，起家為承務郎，是京官的最低階，初仕差遣為監臨安府糧料院，起步遠較選人順暢；〔註91〕曾於乾道七年（1171）知臨安府的姚憲，其

〔註91〕《宋史》卷 404，列傳 163，〈徐邦憲傳〉，頁 12232；包偉民、鄭嘉勵編，《武義南宋徐謂禮文書》（北京：中華書局，2012 年），頁 5、85；胡坤，〈南宋基層文官的初仕履歷──以《武義南宋徐謂禮文書》為中心〉，《史學月刊》，2014年第 11 期，頁 29～30。

父姚舜明官至徽猷閣待制，初仕即蔭補承務郎，監臨安府糧料院，受高宗賞識，賜同進士出身，是拜執政的必要程序。〔註92〕大部分任職臨安知府前，都具有地方州縣幕職官、知府州軍、制置或安撫司、轉運司資歷，另有 11 人具備中央諸司郎中、員外郎資歷。從臨安知府差遣無事卸任後，無論留在中央、轉任地方，或得館閣貼職，或得劇職美差，而這又與宋人仕途價值觀有關。

二、磨勘、冗官、儲才與遷轉路徑

《宋史・職官志》有段總結宋人仕途價值觀的記載，節錄如下：

> 其官人受授之別，則有官、有職、有差遣。官以寓祿秩、敘位著，職以待文學之選，而別為差遣以治內外之事。其次又有階、有勳、有爵。故仕人以登臺閣、升禁從為顯官，而不以官之遲速為榮滯；以差遣要劇為貴途，而不以階、勳、爵邑有無為輕重。時人語曰：「寧登瀛，不為卿；寧抱槧，不為監。」虛名不足以砥礪天下若此。外官，則懲五代藩鎮專恣，頗用文臣知州，復設通判以貳之。階官未行之先，州縣守令，多帶中朝職事官外補；階官既行之後，或帶或否，視是為優劣。〔註93〕

臨安知府既多卿監從臣兼知，帶館閣、殿撰貼職，又為要劇差遣，大部分符合上文所記宋人仕途價值觀，而「卿監」之職，在第一章時已提及，其中太府管場務，號稱「忙卿」、司農管倉庾，號「走卿」，是中央七寺中最為繁忙的機構；〔註94〕軍器、將作監，南宋時為「儲才」之所。冗官、磨勘、儲才、資歷、差遣要劇互相結合，形成仕途遷轉路徑的相貌。

北宋初年的官員數量並不多，但因科舉普及，宋真宗以後至宋仁宗時已面臨冗官困境，為限制以選人為主的州縣幕職官升遷速度、減緩冗官問題，而逐步確立磨勘之法，重在依資序遷，注重官員的治事績效，成為選人改京

〔註92〕（宋）施宿，《嘉泰會稽志》（北京：中華書局，1990 年），卷 15，〈相輔〉，10a～10b，收於《宋元方志叢刊》，冊 7，頁 6992；（宋）趙升，《朝野類要》（北京：中華書局，2007 年），卷 3，〈陞轉〉，頁 72。

〔註93〕《宋史》卷 161，志 114，〈序文〉，頁 3768～3769。

〔註94〕（宋）王得臣，《麈史》（臺北：新文豐出版公司，民國 78 年），卷下，〈諧謔〉，15a，收於《叢書集成續編》，冊 16，頁 326；（宋）洪邁，《容齋隨筆・四筆》卷 15，〈官稱別名〉，頁 817。

秩的重要條件，〔註95〕京朝官以上，有無出身，所循的遷轉路徑也不一樣，〔註96〕在無重大過失、犯贓罪的情況下，循三年一考的規定升遷，但待制以上延長為六年，限制高級文官的升遷速度，〔註97〕可以說宋廷在實績、年資上限制進入統治集團決策核心的人選，確保其為有能者。不過，對不希望久沉下僚的基層官員來說，如有能不受磨勘限制的快速升遷方式更好，除了「儲才」制度外，還有「堂除」一途。

南宋中央的「儲才」，晚宋名臣杜範有簡略的描述，其文如下：

> 曰儲材能，內而朝列，則儲宰執於侍從、臺諫，儲侍從、臺諫於卿監、郎官；外而守帥，則以江面之通判為幕府、郡守之儲，以江面之郡守為帥閫之儲；他職皆然，如是則臨時無乏才之憂。〔註98〕

杜範所言，概略說明中央、地方中級以上官員的儲才方式和遷轉路徑。進一步講，除前述提及的軍器、將作監，「執政之儲」的京尹、〔註99〕還有「察官之儲」的六院、〔註100〕「六院官、添倅之儲」的四轄、〔註101〕「在京學官、禮官、大理寺司直、編校官之儲」的六部架閣官、遷轉每況愈下的六部監門官等，其中院轄官的儲才，不只是簡單的拔擢快、遷轉優，而是在此基礎上提供一條相對固定的晉升路徑，即知縣→六院→緊官，緊官指寺監丞簿→知州→郎官→卿少，期間仍須出知多處地方官員，這是比較現實的遷轉路徑，另一源自北宋、用以不次拔擢的館閣，因法進人退、內重外輕、厚吏薄文等因素而衰落，在南宋時已淪為貼職，〔註102〕另一可不按磨勘超遷的途徑為「堂除」。

〔註95〕 曾小華，〈略論宋朝磨勘制度的特點〉，《浙江學刊》，1990 年第 2 期，頁 116；苗書梅，《宋代官員選任和管理制度》，頁 382、384；鄧小南，《宋代文官選任制度諸層面》，頁 170～172。

〔註96〕 （日）梅原郁，《宋代官僚制度研究》，頁 49～54。

〔註97〕 苗書梅，《宋代官員選任和管理制度》，頁 388；鄧小南，《宋代文官選任制度諸層面》，頁 172～175。

〔註98〕 《宋史》卷 407，列傳 166，〈杜範傳〉，頁 12287～12288。

〔註99〕 （宋）洪邁，《容齋隨筆・續筆》卷 3，〈執政四入頭〉，頁 253；（宋）洪适，《盤洲文集》卷 23，〈薛良朋知臨安府制〉，4b，收於《宋集珍本叢刊》，冊 45，頁 186。

〔註100〕 （宋）李心傳，《雜記》甲集卷 10，〈六院官〉，頁 209；《朝野類要》卷 2，〈稱謂〉，頁 45；《宋史》卷 161，志 114，〈登聞檢院・登聞鼓院〉，頁 3782。

〔註101〕 （宋）趙升，《朝野類要》卷 2，〈稱謂〉，頁 45；《宋史》卷 161，志 114，〈榷貨務都茶場〉，頁 3791。

〔註102〕 俞任飛，《南宋中央文官儲才制度研究》，山東大學碩士論文，2017 年，頁 71～73、58～60、31～33。

堂除的目的本為「為官擇人」，因才授職，故堂除較差授靈活，據吳昌裔對在其奏議〈論楊恭等疏〉中對堂除的見解是：

> 臣竊惟國家用人之塗有二，資格所以待常才，特用所以拔奇士。法意兼取，號為得人。今有碌碌無奇而用不以次者，臣采之公論，得二人焉。奉議郎、幹辦行在諸司審計司楊恭，品格凡庸，資性貪刻，自登仕籍，不守官箴，為獄掾，則以寡謹而劾；為邑宰，則以多贓而罷，待年敘用，自有憲章，今未填邑債，而辟幕官；未赴州貳，而升計府，去彈劾時僅二年耳，人言籍籍，咸謂超覦。儒林郎、主管尚書戶部架閣文字王龍榮，人品纖細，資質善柔，雖躐科名，未有敘歷；初為州幕，甫踰一年，改辟帥屬，又止數月，夤緣外梱，遂入中都；倉門之命甫頒，而閣庫之除已峻，閱其官簿，蓋未書三考也。近者趙與之獄，聞龍榮亦與其事，詭遇求進，士論恥之。夫六院，臺省之儲，掌故文儒之選，而以望輕資淺，得篸其間，且進不以正，頗有鼫鼠之屬，此豈所以清表著乎？欲望聖慈將恭、龍榮並賜罷黜，以為輕躁奔競者之戒，謹具覺察以聞。[註103]

吳昌裔指出資格、特用的針對對象，抨擊當前鑽營之風，藉由堂除佔據儲才之位；梅原郁氏亦指出在員多闕少的情況下，為避免有才幹者因磨勘而泯滅，堂除是磨勘的補漏方案；[註104]堂除範圍，在地方上包括通判、部分較重要的知州，監司屬官，在京則為六院、四轄、六部監門、架閣、左藏庫監官、大理寺正丞，[註105]可以說掌握了遷轉路徑中的中央緊官。堂除會反變成奔競、鑽營的制度漏洞，與宰執私心、建立黨派有關，[註106]臨安知府的任命與宰執、皇帝意向息息相關，卸任後若要出任地方監司、知府州軍，任職地點也掌握在宰執手中，這點將在第三章論及。

　　臨安知府離任後的仕途，是否順暢或迅速，如不清楚宋人仕途價值觀，會成為盲點，宋人對遷轉速度慢或快並不重視，重視的是能否繼續在中央任

〔註103〕（宋）吳昌裔，〈論楊恭等疏〉，收於《歷代名臣奏議》卷 150，頁 1986～1987。
〔註104〕（日）梅原郁，《宋代官僚制度研究》，頁 225～239。
〔註105〕苗書梅，《宋代官員選任和管理制度》，頁 155～157；俞任飛，《南宋中央文官儲才制度研究》，頁 81～82。
〔註106〕文暢平，〈宋代「冗官」現象的形成及其影響〉，《衡陽師專學報‧社會科學版》，20 卷第 2 期，1999 年，頁 64。

職，出任的地方官是否要劇，臨安知府的「輔弼之儲」是理想的升遷路徑，是一種資歷，或者說成為宰執的「入場卷」，留在中央是寺卿、尚郎這類劇要職位，並可在六部尚書、侍郎內快速循序升遷；出為地方官，則為監司、大藩府，並帶貼職或中央職銜，以示優寵。

小　結

　　南宋宰執出身多元，不拘一格，最終官至宰相者共 65 人，〔註107〕歷臨安知府之職者僅 5 人，佔總數 1/20；執政 15 人，亦約為臨安知府的 1/10；從官 60 人，接近半數；卿監 16 人，亦約為 1/10。由此可知臨安知府一職，為升遷至中、高級官員的要津之途。

　　其次，南宋中央政局不穩定，臨安知府既為宰執商討政務的要員之一，勢必捲入朝廷紛爭，過去僅舉李椿罷任的例子，作為人數多、任期短的範例，已顯不足，經筆者考證，尚有靠山垮臺、僅為代理、洗資歷等因素存在，這與南宋儲才升遷路徑和仕途價值觀息息相關，南宋中期以後中央六院、四轄、六部監門、架閣等「儲才」之差遣權為宰執掌握，地方監司、知府州軍監亦多由堂除，可以說宰執掌握了主要仕途遷轉路徑。不過，臨安知府離任的形式外調、罷任合計的人次，仍少於留在中央的人次，這說明大多數曾任該職者仍留在中央發展，即便調任地方官，也為監司、大藩府等劇要之差遣。

　　第三，臨安知府的來源，以直接從中央調任為最多，其次為浙漕，外路最少，一來是因臨安府本為中央執行機構，執政者希望派自己親信掌握，二來京畿事務繁雜，職位空懸太久會導致事務延宕，知府能盡快上任為佳。

　　第四，知府的任職形式，以兼任最多，正任為少，此現象以宋孝宗乾道七年（1171），皇太子領臨安府尹為分水嶺，前期兼任較少，後期兼任多，這與戰爭或長期備戰，為保證軍情應變或備戰狀態能快速施行政策，使得宰輔互兼，相權擴大的情況相呼應。兼任形式分為中央職官兼任、浙漕兼任，前者較後者為多；中央職官兼任知府，以戶部為最，次為太府寺，再次為工部，再次為司農寺；如納入浙漕，兼任次數介於太府寺、工部之間，由此可看出南宋對臨安知府需要和何種職務所掌掛勾的認知。

　　較為特別的一點是，任職臨安知府的群體中，有 1/5 是宋宗室，這是繼承

〔註107〕王明，《南宋宰相群體之研究》，頁 11。

北宋熙豐變法後的宗室任官政策的延續，以及「宗子維城」思想的延伸，而任職臨安知府時間最長、建設最多者，亦為宗室士大夫。

　　而第三節第二段所提及，臨安知府與朝政的關聯性問題，將在下一章進行詳細討論。

第三章　中央執行機構體制之下的臨安府

在第一章時已論及卿監從官兼知臨安府的意義，與建炎時期寺監省併、中央事權下移有關，本章即要深入探討臨安知府與朝政的關係，具體參與哪些中央事務，與中央的政治團體的關聯性，以及知府兼任其他差遣的類型與意義。

第一節　臨安府不同於地方政府之處

一、臨安知府與朝廷政治的關係

臨安知府的職務，與宰執關係密切，[註1] 開慶元年（1259）的知府顧嵒，就在拜訪時相丁大全時，被提醒當注重損壞的江塘修復問題，丁大全曾試圖將顧氏之女嫁予太子，後因丁大全垮臺而遭牽連；[註2] 徐吉軍根據《咸淳臨安志》中對李椿解職的敘述，認為該職容易得罪權倖，因此任期大多不長。[註3]

〔註1〕 部分知府的任命，是來自省劄堂除，見（宋）蔡戡，〈辭免兼知臨安府劄子〉，收於《全宋文》卷6253，冊276，頁224；同書，〈再辭免兼知臨安府劄子〉，頁224。

〔註2〕 顧嵒知臨安府，事見《咸淳臨安志》卷49，秩官7，〈古今郡守表〉，9a，頁471。提醒丁大全修復江塘，見《宋史全文》卷36，理宗開慶元年八月戊子條，頁2884。其為丁大全黨人、其女差點成為太子妃，事見《宋史》卷45，本紀45，〈理宗五〉，頁879；又見於同書卷243，列傳2，〈度宗全皇后傳〉，頁8661、《宋季三朝政要箋證》卷3，理宗景定元年十月條，頁272～273。

〔註3〕 對李椿的敘述，參見《咸淳臨安志》卷48，秩官6，〈古今郡守表〉，4a，頁465。徐吉軍的見解，參見氏著《南宋都城臨安》，頁149。

不過，若考慮朝廷將大小事務「悉以委之」，〔註4〕宰執、皇帝自然希望任命願意合作、關係密切的人為知府，因此，與其說容易得罪權倖，不如說必須得到宰執，或皇帝信任，才能久任知府。〔註5〕

以李椿為例，其字壽翁，洺州永年（今河北永年）人，以敢言、善決獄、理財聞名，其知府任命是受到皇帝認可的，孝宗甚至稱「正欲得如此人」，卻因公正不阿，得罪權貴眾多而罷，任職才三個月。〔註6〕

另一例為李謨，據《李謨墓志銘》載：

> （紹興）五年，轉左中奉大夫知鎮江府。乘輿幸建康，兩駐京口，
> 公每入，賜對甚寵。進直顯謨閣兩浙路轉運副使，方聞命，遷直寶
> 文閣知臨安府。比入對，上曰：「臨安之命，出自朕意。」〔註7〕

由此可知皇帝對臨安知府的任命有一定程度的發言權，以及裁決、許可的權力。皇帝、近習、士大夫形成一種互相依靠，又互相角力的關係。以下將分別論述。

1. 知府與皇權的關係

A. 宗室知府

與皇權有直接、緊密聯繫的象徵，莫過於血緣關係；南宋時期，宗室參加科舉、出任外官，已是普遍現象，從中央到地方，大大小小的官職差遣，都可尋覓到宗室的蹤跡。宗室士大夫相較庶姓士大夫而言，集體意識強，責任感也強，〔註8〕這與南宋宗室的在地化、家族認同有關，加上宗室具有科舉、法律和經濟上的特權，後二者就庶姓士大夫來說，除非考上進士或父祖有官可蔭補

〔註4〕（清）紀昀等撰，《歷代職官表》（上海：上海古籍出版社，1989年）卷32，〈順天府〉，41a，頁611。

〔註5〕如淳祐年間的知府趙與𥲅、咸淳年間的潛說友，前者受到理宗信任，後者倚仗賈似道，參見拙作〈趙與𥲅與臨安府〉，《華岡史學》第6期，2019年，頁67。

〔註6〕《宋史》卷389，列傳148，〈李椿傳〉，頁11938；（宋）朱熹，《晦庵先生朱文公文集》（四部叢刊初編本，臺北：臺灣商務印書館，民國64年），卷94，〈敷文閣直學士李公墓誌銘〉，11b（以下簡稱《朱文公文集》）；（宋）楊萬里，《誠齋集》（北京：線裝書局，2004年），卷116，〈李侍郎傳〉，6a～7a，收於《宋集珍本叢刊》，冊55，頁547～548。

〔註7〕（宋）孫覿，《鴻慶居士文集》卷35，〈宋故左中大夫直寶文閣致仕李公墓誌銘〉，3a，收於《叢書集成續編》，冊127，頁290。

〔註8〕宗室士大夫的集體意識強、責任感也強，見何兆泉，《兩宋宗室研究——以制度為考察中心》，頁240～242。

子孫，不然是難以比儔的，〔註 9〕任命詔書或一般士大夫在討論國政時也會特別強調他們的宗室身份，乃至作為推卸責任的對象，〔註 10〕臨安府既為京師、天下之根本，皇帝想展現其權威與恩惠，自然要有所表現，最直接的方式即是任命宗室士大夫為知府。據統計，自立為國都始（紹興八年，1138），迄臨安開城投降止（德祐二年，1276），共有 19 人、27 人次由宗室出任臨安知府，總計 36 年的時間，約佔以臨安為首都 139 年的 1/4；寧宗、理宗朝的宗室擔任知府時間，各佔兩位皇帝在位時間的 1/3 以上，其中不乏多次回任、久任者。〔註 11〕以下就何兆泉著作《兩宋宗室研究——以制度考察為中心》的表 6～5 為基礎，略作修改，製成表 3-1。

表 3-1：臨安宗室知府表

編號	知　府	任職時間	任職時間合計
1	趙不棄	紹興十七年八月十四日～紹興十八年六月十九日	10 個月
2	趙士㒟	紹興二十一年閏四月十三日～紹興二十三年九月二十三日	2 年 5 個月
3	趙子潚	初任：紹興二十九年閏九月九日～紹興三十年二月十五日	2 年 5 個月
		再任：紹興三十一年正月十九日～隆興元年正月十八日	
4	趙彥操	淳熙二年八月二十日～同年十二月二十八日	4 個月
5	趙不流	淳熙十五年九月十五日～淳熙十六年三月二十三日	6 個月

〔註 9〕（美）賈志揚，《天潢貴胄：宋代宗室史》，頁 218～219。

〔註 10〕任命詔書中強調其宗室身份，如（宋）張嵲，《紫微集》（臺北：新文豐出版公司，民國 78 年），卷 16，〈趙不棄知臨安府制〉，17a，收於《叢書集成續編》，冊 127，頁 490：「具官某屬籍之英。」（宋）吳泳，《鶴林集》（北京：線裝書局，2004 年），卷 6，〈趙彥吶授權兵部侍郎依舊四川安撫制置使制〉，14a，收於《宋集珍本叢刊》，冊 74，頁 330：「謀帥坤維，莫如我同姓。」朝臣討論國政，特別強調宗室士大夫的身份乃至被當作推卸責任的對象，見（宋）葉紹翁，《四朝聞見錄》甲集，〈文忠答趙履常〉，頁 36。

〔註 11〕何兆泉著作中稱南宋立國 150 年，宗室知府 19 人，27 人次，總計達 35 年，佔其 1/4，見氏著《兩宋宗室研究——以制度考察為中心》，頁 238。但趙與篡的就任起始時間是在淳祐元年四月，何兆泉誤植為淳祐二年，故總年數應為 36 年，且筆者認為應從定都的紹興八年起算，至放棄國都，成為流亡政權的德祐二年止，故應計以 139 年為佳。

6	趙師羈	初任：慶元三年七月二十三日～慶元四年十一月二十一日	3 年 9 個月
		再任：嘉泰四年九月二十四日～開禧元年八月十九日	
		三任：開禧二年六月十八日～同年十二月二日	
		四任：嘉定二年十一月二十六日～嘉定三年十二月十二日	
7	趙善堅	初任：慶元六年三月十三日～嘉泰元年七月二日	2 年 3 個月
		再任：開禧二年十二月六日～開禧三年十一月三日	
8	趙彥勵	開禧元年八月二十日～同年十月三日	1 個月
9	趙善防	開禧元年十月四日～開禧二年四月九日	6 個月
10	趙善宣	開禧三年十二月二十六日～嘉定元年八月七日	8 個月
11	趙師石	嘉定元年八月九日～嘉定二年九月十七日	1 年 1 個月
12	趙時侃	嘉定五年八月四日～嘉定八年十月十五日	3 年 2 個月
13	趙立夫	初任：紹定元年十二月十二日～紹定三年十二月三日	2 年 4 個月
		再任：端平二年正月十九日～同年五月九日	
14	趙與懽	初任：端平三年九月二十一日～嘉熙元年十二月二十六日	2 年 11 個月
		再任：嘉熙三年六月二日～嘉熙四年五月十八日	
		三任：嘉熙四年八月二十五日～淳祐元年四月二十一日	
15	趙與懃	嘉熙三年正月十八日～同年六月二日	5 個月
16	趙與籌	淳祐元年四月二十一日～淳祐十二年正月十八日	11 年 8 個月
17	趙與𢍰	景定二年五月四日～同年六月二日	1 個月
18	趙與稙	咸淳七年十月十三日～咸淳八年五月十三日	7 個月
19	趙孟傳	德祐元年	不明

　　兩宋之際，兵馬倥總，上下官吏人心渙散，宋高宗一路南逃，宗室士大夫出色的表現、對家國表現出的向心力，〔註 12〕成為皇帝、朝廷重視、籠絡的對象，在詔書中常見「宗子維城」之語，對同姓之卿寄以厚望，對其政治約束也

〔註 12〕梅哲浩，《南宋宗室與包容政治》，頁 31～36。

逐漸放寬，〔註13〕由上述所列19名宗室知府，正為「宗子維城」的具體表現。

B. 非宗室知府

宋朝官員的任命均出自中央，分為皇帝親自任命、堂除、部注、薦舉奏辟四種方式。〔註14〕受差遣上任前，都會經過稱為「朝見」、「朝辭」的程序，兩者容易混為一談，但在詔令中較能分得清楚。朝見又有入對、詔對、入對、入見等稱謂；朝辭又有陛辭、朝謝、辭見、見辭等稱呼。該程序源自唐朝，五代延續，宋朝繼承五代並加以推廣，宋神宗時規定，「自今授外任者，許令轉對訖朝辭」；〔註15〕宋哲宗繼位初期，因高太后垂簾聽政，地方官上殿奏事不便，故能上殿奏事者僅為宰執、侍從等中央高級官員，哲宗親政後，改為無論兩府堂除的藩鎮知州、武臣知州，都必須廷對，而必須朝辭上殿的知州，大約有40人，以藩鎮大州和沿邊武臣知州為主體，當時此種規模的知州不及百人；宋徽宗即位初，減少陛辭上殿人數，且廢除宋哲宗的朝辭詔令；南宋初年，因國勢緊張，擴大引對範圍，然而在秦檜專政時期，知州奏對有許多顧慮，因此有許多人僅走形式。

宋孝宗時是朝見、朝辭規定執行最嚴格的時期，無論偏遠小州亦要上殿奏對，僅有居住在四川、兩廣，且是現缺並在半年內即可上任者，可向該路轉運司（後四川改向制置司）秉事，免除千里跋涉至臨安朝見、陛辭。

南宋後期對朝見、朝辭制度仍舊奉行不殆，宋寧宗規定監司、郡守、釐務總管、鈐轄均要上殿朝見、陛辭，方可就任，四川則赴制置司，兩廣赴轉運司；宋理宗則保留了大量與知州上殿奏對時反覆議論的事例；宋度宗時亦有大臣朝辭奏事的記錄。由此可知，朝見、陛辭是皇帝與地方監司郡守、總管、鈐轄直接面對面交流的重要機會，因此並受到朝野關注，是當時政治制度的重要部分。〔註16〕

那麼，身為首都特區長官的臨安知府，與朝見、陛辭有何關係？如前引

〔註13〕何兆泉，《兩宋宗室研究——以制度考察為中心》，頁232～236。
〔註14〕（宋）趙升，《朝野類要》卷3，〈差除〉，頁68～70；鄧小南，《宋代文官選任制度諸層面》，頁30～45；苗書梅，《宋代官員選任和管理制度》（開封：河南大學出版社，1996年），頁136～157；賈芳芳，《宋代地方政治》，河北大學博士論文，2009年，頁16～26。
〔註15〕《宋史》卷118，志71，〈百官轉對〉，頁2786。
〔註16〕苗書梅，〈朝見與朝辭——宋朝知州與皇帝直接交流的方初探〉，《首都師範大學學報‧社會科學版》，2007年第5期，頁112～119。

述賈芳芳《宋代地方政治》所言，宋朝大小官吏的任命，均來自中央，宰執、侍從、臺諫、三衙、京尹的任命必自皇帝首肯，方可除授，〔註17〕京尹的人選來自宰執進擬，〔註18〕南宋時期，大抵遵循此一原則，而部分知府在陛見、陛辭時，皇帝會特別表示其任命是「出自朕意」，或給予表示恩寵的賞賜，或宰執進擬人選時特別表示意見，如宋高宗對李謨表示「臨安之命，出自朕意」；〔註19〕王佐受高、孝兩朝青睞，孝宗於其陛辭時賞賜金帶以為優寵；〔註20〕宋孝宗對宰執進擬李椿，表示「正欲得如此人」；〔註21〕象徵皇帝對個別知府人選另眼相待。據〈附表6：臨安知府與中央政治勢力關係表〉統計，「簡在帝心」的人數為26人。以下就〈附表6〉簡化為表3-2條列之。

表3-2：受皇帝賞識知府表

原編號	知　　府	表達賞識的皇帝
11	汪思溫	宋高宗
8	宋輝	
12	李謨	
13	呂頤浩	
24	趙士㣿★	
29	趙子潚	
30	錢端禮	
38	姚憲	
37	周淙★	宋孝宗

〔註17〕《宋史》卷401，列傳160，〈柴中行傳〉，頁12175；（宋）李燾，《長編》卷370，哲宗元祐元年閏二月丁巳條，頁8964～8965；賈芳芳，《宋代地方政治》，河北大學博士論文，2009年，頁16～18。

〔註18〕《宋史》卷161，志114，〈中書省〉，頁3782～3783、3784：「中書省，掌進擬庶務，宣奉命令，行臺諫章疏、羣臣奏請興創改革，及中外無法式事應取旨事。凡除省、臺、寺、監長貳以下，及侍從、職事官，外任監司、節鎮、知州軍、通判，武臣遙郡橫行以上除授，皆掌之……元豐八年，詔待制以上磨勘，本省進擬。元祐三年，詔應除授從中批付中書省者，並三省行。」進擬程序，參見諸葛憶兵，《宋代宰輔制度研究》（北京：中國社會科學出版社，2000年），頁145～150。

〔註19〕（宋）孫覿，《鴻慶居士文集》卷35，〈宋故左中大夫直寶文閣致仕李公墓志銘〉，3a，收於《叢書集成續編》，冊127，頁290。

〔註20〕（宋）陸游，《陸放翁全集・渭南文集》，（北京：中國書店，1986年），卷34，〈尚書王公墓誌銘〉，頁210、212。

〔註21〕（宋）朱熹，《朱文公文集》卷94，〈敷文閣直學士李公墓誌銘〉，11b。

43	沈复	
47	韓彥直★	
48	李椿★	
53	張枸	
60	蔡戡	
67	朱晞顏	宋孝宗、宋寧宗
41	莫濛	宋高宗、宋孝宗
51	王佐	
57	謝深甫★	宋光宗
87	趙立夫	宋理宗
92	顏頤仲	
93	趙與懽	
95	趙與懃	
97	趙與籌	
98	余天任	
99	余晦★	
101	厲文翁	
104	馬光祖	

　　表達賞識的事蹟，參見〈附表 6〉及其註解；附有★標記為雖有結交複數勢力的記載，但仍歸類在「受皇帝賞識」之類；另有除皇帝外，還結交他勢力者的情形，將在後續「朋黨、近習與臨安知府的關係」一併論之。由該列表可知，皇帝直接表明支持態度的人數，佔 130 人中的 15.3%。趙士㒟與宋高宗有患難之交，在南宋初期的政壇圍繞著北伐、議和的爭議中，他也難以避免被捲入其中，儘管沒有特別黨附秦檜，仍在秦檜死後以檜黨而遭清算，[註22]這恐怕與當時宗室大多支持北伐，與高宗朝廷外交主和政策不合有關；[註23]周淙受到張浚、錢端禮推薦，後依靠自己的才能被宋孝宗記住名字；[註24]李椿是受宋孝宗賞識才當上臨安知府，他的仕途前期是受張浚賞識，擔任其

〔註22〕趙士㒟與宋高宗有患難之交，見（宋）李心傳，《要錄》卷20，建炎三年二月壬子條，頁 455；無黨附秦檜，卻又於檜死後以檜黨論遭罷逐，見（宋）孫覿，《鴻慶居士文集》卷38，〈宋故左中奉大夫直龍圖閣趙公墓志銘〉，13a，收於《叢書集成續編》，冊 127，頁 320；以檜黨遭罷逐、坐廢，事見《宋會要》職官 70 之 42，〈黜降官七〉，冊 8，頁 4939。
〔註23〕（美）賈志揚，《天潢貴胄：宋代宗室史》，頁 135。
〔註24〕《宋史》卷 390，列傳 149，〈周淙傳〉，頁 11957～11958。

幕府僚屬，但張浚的主戰勢力很快就垮台了，李椿雖因曾任幕府而得京官「監登聞鼓院」，沒多久就自請調任地方官，可以說他的官聲能傳入皇帝耳中，絕大部分是靠自己的努力；其中在知府姓名後附上★標誌的韓彥直，與後續將提及的韓彥古，以及曾任知府的韓彥質，均為南宋初名將韓世忠的兒子，此三人也都和近習有所聯繫，不過韓彥古關係最深，韓彥直較淺，因而歸類在受皇帝賞識處，而非列入結識複數勢力；〔註25〕韓彥質則應與孝宗重用武臣之後有關，〔註26〕未見特別賞識的史料，故而不列入；謝深甫在知臨安府任上被宋光宗面諭稱讚「京尹寬則廢法，猛則虐民，獨卿為政得寬猛之中」，〔註27〕不過在寧宗朝時卻依附近習韓侂胄打壓道學集團，由於是在離任後才改弦，故歸類在受皇帝賞識類；宋理宗的情況比較複雜，對才幹的賞識、對私人的寵遇容易混淆，如顏頤仲「入對，理宗多稱善，並曾受詔褒美」、〔註28〕厲文翁「理宗稱其『人物甚偉，洞曉邊事』」等，〔註29〕這兩人是賞識的代表；余天任、余晦，則因是余天錫的親人，而余天錫是史彌遠弟子師、又是宋理宗的蒙訓者，〔註30〕余天任是余天錫的弟弟，余晦為姪兒，未有多大才幹，尤以余晦，官聲、才能都很差，引起學潮，出守四川又壞蜀、挾怨報復王惟忠，士論不齒，〔註31〕因受理宗寵遇，景定元年（1260）再度奉御筆

〔註25〕《宋史》卷390，列傳149，〈王自中傳〉，頁11949：「自中本韓彥古客，王蘭既薦之，上大喜。韓彥直、彥質輩恐其為彥古報仇，力請交結於自中；而密達意近習，謂『自中受彥古賂，伏闕上書薦彥古為相』。」

〔註26〕宋孝宗提高武臣地位，見柳立言，〈南宋政治初探——高宗陰影下的孝宗〉，收於《宋史研究集》（臺北：國立編譯館，民國78年），第19輯，頁216；宋孝宗重視軍備，任用主戰派大臣，見王明，《南宋前期君主·宰相與政局》，頁285～290。日本學者藤本猛認為宋孝宗提升武臣地位的方式是採取「文武並用」的態度，設立武臣清要官「閤門舍人」，及選任方式、晉升差遣等比照文官模式，見（日）藤本猛，《風流天子と「君主独裁制」——北宋徽宗朝政治史の研究》（京都：京都大學學術出版會，2014年），頁419～465。

〔註27〕《宋史》卷394，列傳153，〈謝深甫傳〉，頁12040。

〔註28〕（宋）劉克莊，《後村先生大全集》卷143，〈寶學顏尚書神道碑〉，15a、17b，收於《宋集珍本叢刊》，冊82，頁446、447。

〔註29〕（清）王崇炳，《金華徵獻略》卷8，〈名臣傳二〉，32a，收於《續修四庫全書》，冊547，頁146。

〔註30〕《宋史》卷419，列傳178，〈余天錫附弟天任姪晦傳〉，頁12551、12553。

〔註31〕（宋）周密，《癸辛雜識》別集下，〈余晦〉，頁295～296；同書別集下，〈余玠〉，頁296～297；同書別集下，〈王惟忠〉，頁297～298。董槐稱余晦以叔父余天錫恃恩妄作，引發學潮，見《宋史》卷418，列傳177，〈董槐傳〉，頁12521。

除知臨安府。〔註32〕余晦的第二任知府雖因丁大全黨而遭彈劾罷職，但無論是余晦、丁大全，都是因宋理宗的私恩才得勢，故歸類在此處。〔註33〕在這23人之中，莫濛、王佐、朱晞顏受兩朝皇帝賞識，實屬難得；其餘19人，或直接，或間接，受到當朝皇帝的賞識或寵遇。

2. 朋黨、近習與臨安知府的關係

所謂政治集團，政治學的定義稱為「政黨」，是利益集團的集合體，後者利用其影響力決定政治集團的政策，試圖向政治機構和決策者「提出要求」來滿足他們的利益，並以一或多個共同利益為基礎，並且是有組織的；前者則努力使集團成員出任府官職。〔註34〕今日對政治集團的分析方式，主要通過對該集團成員的家世背景、地域出身、文化淵源、政治立場的分析，分類出兩個或多個不同的政治集團，以此作為研究某一時期政治變遷的基礎。無疑的，政治集團是研究統治階層尤其是金字塔頂端的利器，通過區分政治群體不同的出身、地域、血緣關係、利益結合度，描繪出對立的政治集團的輪廓，研究者得以較簡單的從錯綜複雜的歷史記載中找出較為清晰的線索，這方面陳寅恪先生對中國中古時代的貢獻可謂良多。〔註35〕

然而，宋朝的政治集團形態與中古時代截然不同，亦有別於東漢黨錮、唐代牛李黨、明朝東林閹黨的朋黨之爭，陳寅恪先生的理論難以照搬、套用。宋代的朋黨論與之前朝代不同之處，在於君子、小人並存，各自有黨，互不相容。「君子有黨」的論述，首出於宋初王禹偁（945～1001）所撰的〈朋黨論〉，稱「八元八凱」為君子之黨，〔註36〕此解釋方式象徵著，從宋初即有部

〔註32〕《寶慶四明志》卷1，〈敘郡上〉，33b，收於《宋元方志叢刊》，冊5，頁5008。

〔註33〕坐丁大全黨罷，見（宋）周密，《癸辛雜識》別集下，〈王惟忠〉，頁297；第二任臨安知府的任命是奉御筆，見《寶慶四明志》卷1，〈郡守〉，33b，收於《宋元方志叢刊》，冊5，頁5008；丁大全事見《宋史》卷474，列傳233，〈丁大全傳〉，頁13778、13779。

〔註34〕（美）阿蘭‧伊薩克（Alan Isaak）著，王逸舟譯，《政治學概論》（臺北：五南圖書出版公司，民國82年），頁342～343、350、352。

〔註35〕陳寅恪先生建立的政治集團學說，奠定以其為基礎的中國中古史研究的理論體系，參見朱溢，〈陳寅恪中國中古理論體系的建立〉，《清華大學學報》，2009年第2期，頁31～38；毛漢光指出政治集團學說涵括對兩大領域問題的探討，即菁英份子的動態、政治層面與社會層面的關係，參見〈中國中古核心區核心集團之轉移——陳寅恪先生「關隴」理論之拓展〉，收於氏著《中國中古政治史論》（上海：上海書店出版社，2002年），頁23。

〔註36〕（宋）王禹偁，《小畜集》（臺北：臺灣商務印書館，民國72年），卷15，〈朋

分士大夫對統治階層中的朋黨觀、朋黨之爭有新的見解和認識;〔註37〕而宋代的黨爭,與漢、唐、明、清不同之處,在於其為士階層的內部分化和衝突;〔註38〕所謂近習集團並不存在,實為道學型士大夫塑造出來,作為攻擊的對象,藉此來鞏固道學集團勢力,〔註39〕簡單的說,近習是最接近皇帝的一群人,掌握傳達中外訊息傳遞,是皇權的象徵之一,士大夫反近習,也有限制皇權的意味,〔註40〕或者是希望不用透過近習,爭取對皇權的直接依附,以決定其勢力及前途。〔註41〕故宋代的朋黨並不穩固,勢力版圖時常更迭,這是因科舉普及而形成科舉社會,單一士大夫家族因科舉而快速興起,也因落第而迅速沒落,故通過宗族性的義莊、義學等贍養、教育組織來試圖再生產,透過血緣、婚姻等方式維持自己的身份、地位等狀況;此外,因科舉制度而產生考官與考生之間的紐帶關係,儘管宋朝皇帝舉行殿試,試圖以「天子門生」的方式介入這種紐帶關係,但座主—門生間的聯繫並未因此斷絕,只是轉成私人化的關係潛入水面下;另一方面,尚有其他學者認為,同榜中舉的「同年」關係在北宋初期黨爭人際關係中佔據重要地位;再加上「薦舉」、「資格」升遷制度,舉主和被舉人之間也會產生聯繫。此外,學問和文化也在人脈關係中起到作用,在南宋中期鑽研學問和科舉考試互相結合,形成講學網絡,這構成了人際關係在朋黨中的作用。

其次,朋黨具備的自律性與他律性問題。自律性,指的是在特定人物周圍,以政策、學問及各種利害關係為契機而主動集結,成為一個政治集團;他律性,以「甲為乙之朋黨」的方式,被視為一個政治集團時所使用的批判、

黨論〉,8a~9a,收於《文淵閣四庫全書》,冊 1086,頁 142。

〔註37〕羅家祥,〈北宋朋黨觀略論(代緒論)〉,收於氏著《朋黨之爭與北宋政治》(武漢:華中師範大學出版社,2002 年),頁 3~9。

〔註38〕余英時,《朱熹的歷史世界》(北京:生活・讀書・新知三聯書店,2011 年),頁 316。

〔註39〕張維玲,《從南宋中期反近習政爭看道學型士大夫對「恢復」態度的轉變(1163~1207)》(新北市:花木蘭文化出版社,2010 年),頁 149。

〔註40〕楊宇勛,〈宋理宗與近習:兼談公論對近習的態度〉,《中山大學學報・社會科學版》,2014 年第 6 期,頁 65~81;(日)寺地遵,〈南宋中期政治史の試み(公開演講)〉,《日本歷史學協会年報》18 号,2003 年,頁 4;(日)小林晃,〈南宋寧宗朝における史彌遠政權の成立とその意義〉,《東洋學報》,91 卷第 1 号,頁 38~43。

〔註41〕黃俊文,《韓侂胄與南宋中期的政局變動》,臺灣師範大學碩士論文,民國 64 年,頁 30。

彈劾之語。此外，朋黨的集團性，源自於團體領導人的魅力，這部分會因朋黨活動時期的長短、依據的活動基礎特徵的不同，或因批判、彈劾而形成的集團與周圍區別程度不同等而強弱不同，被稱為某某黨的朋黨大多為反映日常性網絡結構的政治人脈，即保護人、被保護人的派閥。〔註42〕

以臨安知府的政治地位，難以避免這種衝突模式，僅在權相當政時能較為明確的劃分所屬政治集團。如前所述，臨安知府的任命，都得經過皇帝首肯，方可施行，宰執仍具有進擬的權力，皇帝也會衡量情勢予以同意；部分士大夫會藉由攀附權相、近習，佔據要津，京尹之職即為其一。以下就近習、宰執的關係進行論述。

A. 知府與近習的關係

近習的涵括範圍，有以潛邸舊臣、勛貴子弟、戚里為來源的閤門、〔註43〕皇帝寵幸的御醫，〔註44〕皆為武選官為之，另有屬入內內侍省的宦官，〔註45〕皆是皇帝處於親近、心腹地位，〔註46〕統稱為「近習」，可以說是皇權的另一種表現方式，比起自秦以來「君尊臣卑」〔註47〕的外廷官僚集團，近習與皇權之間的距離更接近，兩宋時期對近習的態度略有差異，北宋時近習的影響力不大，因皇帝極約束、士大夫集團也會嚴屬監控，故對朝政缺乏決定性的影響力，〔註48〕士大夫與皇帝共治天下的理念同時也制約著皇權，然至宋神宗時，君尊臣卑的現象再度凸顯，「世道污隆，士習升降，係於人主一念慮之趣向」；〔註49〕南宋的情況又有所變化，從宋高宗至宋理宗朝皆有「惡名昭彰」的近習，這與宋高宗提高君權有關，據載：

「本朝於大臣之喪，待之甚哀。」賀孫舉哲宗哀臨溫公事。曰：「溫

〔註42〕（日）平田茂樹，《宋代政治結構研究》，頁98～142。

〔註43〕（宋）李心傳，《雜記》甲集卷10，〈閤門〉，頁211。

〔註44〕如高宗朝的御醫王繼先，見《宋史》470，列傳229，〈王繼先傳〉，頁13686～13688。

〔註45〕（宋）李心傳，《雜記》甲集卷10，〈內侍兩省〉，頁210～211。

〔註46〕趙冬梅，〈試論宋代的閤門官員〉，《中國史研究》，2004年第4期，頁107～121；唐政平，《北宋宦官預政若干問題探析》，廣西師範大學碩士論文，2010年，頁28～29。

〔註47〕（宋）黎靖德編，《朱子語類》（北京：中華書局，1986年），卷134，〈歷代一〉，頁3218。

〔註48〕苗書梅，《宋代官員選任和管理制度》，頁334～357；何美峰，《南宋宦官預政研究》，上海師範大學碩士論文，2015年，頁24～26。

〔註49〕《宋史》卷355，列傳114，〈郭知章傳〉，頁11197。

> 公固是如此，至於嘗為執政，已告老而死，祖宗亦必為之親臨罷樂。
> 看古禮，君於大夫，小斂往焉，大斂往焉；於士，既殯往焉；何其
> 誠愛之至！今乃恝然。這也只是自渡江後，君臣之勢方一向懸絕，
> 無相親之意，故如此。古之君臣所以事事做得成，緣是親愛一體。
> 因說虜人初起時，其酋長與部落都無分別，同坐同飲，相為戲舞，
> 所以做得事。如後來兀朮犯中國，虜掠得中國士類，因有教之以分
> 等陛立制度者，於是上下位勢漸隔，做事漸難。」賀孫。〔註50〕

朱熹以「君臨臣喪」的例子說明南宋君權提高，而近習勢力的擴張象徵的皇
權的膨脹，士大夫有對此感到憂心忡忡，堅持抵抗，亦有勾結以求富貴者；
〔註51〕晚宋時期，近習公然干預朝政，情況更為嚴重，據《齊東野語》載：

> 方寶祐間，宦寺肆橫，簸弄天綱，外閣朝紳，多出門下，廟堂不敢
> 言，臺諫長其惡，或餌其利，或畏其威，一時聲燄，真足動搖山嶽，
> 回天而駐日也。〔註52〕

上述情形乃皇權藉由近習之手直接伸張，繞過外廷士大夫，已嚴重影響到外
廷士大夫集團代理和限制皇權的功能；南宋末的御史劉黻也批評宋度宗侵犯
相權，用直接下內批的方式封賞親信，並且強調、重申「士大夫與君主共治
天下」的理念；〔註53〕賈似道藉由種種手段箝制近習，重新將權力收回外廷士
大夫集團手中；〔註54〕張維玲氏認為，近習因接近皇權，從而利用皇權干政，
破壞朝廷紀綱，使外廷大臣無法恰守職分，〔註55〕這其實是一種「誰才是皇權
代理人」的爭奪，且外廷士大夫還具備著限制皇權的使命；〔註56〕劉子健曾在
其論文中提及宰相和近習間的關係，即皇帝掌管的財庫，是由近習管理的，
當國家用度不足，需要動用緊急預備金時，宰相得向皇帝借款，若近習從中

〔註50〕（宋）黎靖德，《朱子語類》卷89，〈喪〉，頁2284。

〔註51〕朱熹提及宰相結交宮闈、請託近習之事，見《朱子語類》卷86，〈周禮·總論〉，頁2205。

〔註52〕（宋）周密，《齊東野語》卷7，〈洪君疇〉，頁120。

〔註53〕《宋史》卷405，列傳164，〈劉黻傳〉，頁12247～12248。

〔註54〕（宋）周密，《癸辛雜識》後集，〈賈相制外戚抑北司戢學校〉，頁67～68。

〔註55〕張維玲，《從南宋中期反近習政爭看道學型士大夫對「恢復」態度的轉變(1163～1207)》，頁48～54、93～104。

〔註56〕張邦煒，〈論宋代的皇權和相權〉，《四川師範大學學報·社會科學版》，21卷第2期，1994年，頁60～68；程民生，〈論士大夫政治對皇權的限制〉，《河南大學學報·社會科學版》，39卷第3期，1999年，頁56～64；余英時，《朱熹的歷史世界》，頁230～249。

作梗，宰相就很難當下去，[註57]近習之一的知閤門事，掌握中外訊息傳遞的管道，審核官員入內晉見的資格，[註58]宦官則掌握傳達君主宣諭、通進奏章、充當天子耳目之職，[註59]大抵朝臣結交近習，目的分為固權、求進用、偵知內廷信息，[註60]如韓彥古，為近習曾覿之姻親，互相回護。[註61]臨安知府亦不脫此三者規律，根據〈附表6〉統計，結交近習的臨安知府有8人，列為表3-3以利瞭解。

表3-3：臨安知府結交近習表

原編號	近　習	知　府
40	曾覿	韓彥古
45	甘昇	胡與可
56	不明	潘景珪
68	韓侂胄	趙善堅
69		丁常任
70		李澄
71		陳景思
72		王補之

由此表可見，知府結交近習，集中在宋孝宗時、宋寧宗前期，這也反應當時的政治特色，最接近皇帝的人從中獲得極大權力。[註62]

〔註57〕（日）梅原郁，〈宋代の内藏と左藏──君主獨裁制の財庫〉，《東方學報》42卷，1971年，頁127～175；劉子健，〈包容政治的特點〉，收於《兩宋史研究彙編》，頁59。

〔註58〕周佳，《北宋中央日常政務運行研究》（北京：中華書局，2015年），頁355～364。

〔註59〕王化雨，《宋朝君主的信息渠道研究》，北京大學博士論文，2008年，頁41；趙晨，《宋代內侍制度若干問題研究》，河北大學碩士論文，2015年，57～70。

〔註60〕朝臣結交宦官以固權、求進用，參見何美峰，《南宋宦官預政研究》，上海師範大學碩士論文，2015年，頁36～38；結交近習以偵知內廷信息，見《宋史》卷311，列傳70，〈呂夷簡傳〉，頁10208；又見同書，卷470，列傳229，〈曾覿、龍大淵傳〉，頁13689：「羣臣章疏留中未出，間得窺見，出以語人。」

〔註61〕韓彥古與近習曾覿有姻親關係，且互相幫忙，見《宋史》卷470，列傳229，〈曾覿傳〉，頁13691；亦見於（宋）趙與時，《賓退錄》（臺北：新文豐出版公司，民國74年），卷2，收於《叢書集成新編》，冊12，頁316。

〔註62〕南宋初期至中期的近習干政問題，是延續高宗以來的風氣，見柳立言，〈南宋政治初探──高宗陰影下的孝宗〉，收於《宋史研究集》，第19輯，頁212～

另外，有 6 人既結交近習，又結交其他政治勢力，如林安宅媚事史浩、龍大淵，被王十朋彈劾；〔註63〕謝深甫知臨安府時，曾受光宗稱讚「京尹寬則廢法，猛則厲民，獨卿為政得寬猛之中」，〔註64〕然其依附韓侂胄，御史中丞之職為其所薦，以彈劾趙汝愚、陳傅良等人；〔註65〕錢象祖先獻珠塔於韓侂胄、附攻偽學，後因開禧北伐事，與史彌遠合謀誅韓；〔註66〕趙師𢎼以善於理財、斷案，受知於宋孝宗，知臨安府時以賄賂韓侂胄而升遷，後因開禧北伐事而反目；〔註67〕史彌堅為史浩幼子，史彌遠之弟，雖未有明文記載其與韓侂胄的關係，然當時在朝宰執、侍從皆為其黨羽的情況下，以軍器監兼知臨安府的史彌堅，應是藉由史彌遠和韓侂胄的關係而當上知府，後因史彌遠誅韓上位，為避嫌而離職外調；〔註68〕王柟原為韓侂胄派遣至金朝議和的使者，韓侂胄被殺後未改其職，以議和成功而受知於誅韓集團。〔註69〕

B. 知府與宰執的關係

筆者在第一章第三節時已論述過臨安知府的職掌，即卿監從官兼知臨安府的意義，由此可知臨安府類中央政府組織的事務執行機構，尤以錢糧兵穀之事，運輸、倉儲、設施維護、人手召募……皆須仰賴臨安府經手施行，宰執為皇權的代理人，自然希望能選擇一個志同道合的人擔任政策的執行者，這個傾向在權相柄國時尤為明顯，根據統計，共有 25 人與宰執有關係，秦檜、賈似道當政時期，臨安知府幾乎均為其政治集團成員，或與該集團代表人物有較親密的關係。以下據〈附表 6〉簡化為表 3-4，以資協助瞭解臨安知府與

216；王明，《南宋前期君主・宰相與政局》，頁 298～302、312。

〔註63〕（宋）王十朋，《王十朋全集・文集》（上海：上海古籍出版社，1998 年），卷 3，〈論林安宅箚子〉，頁 625～626。

〔註64〕《宋史》卷 394，列傳 153，〈謝深甫傳〉，頁 12040。

〔註65〕（宋）樵川樵叟，《慶元黨禁》，收於《叢書集成新編》，冊 26，頁 433；謝深甫彈劾陳傅良，見《宋史》37，本紀 37，〈寧宗一〉，頁 718。

〔註66〕（清）黃宗羲、全祖望，《宋元學案》（北京：中華書局，1986 年），卷 97，〈附攻慶元偽學者〉，頁 3227；（宋）葉紹翁，《四朝聞見錄》（北京：中華書局，1989 年），丙集，〈單夔知夔州〉，頁 130；《四朝聞見錄》丙集，〈虎符〉，頁 91～92。

〔註67〕《宋史》卷 247，列傳 6，〈趙師𢎼傳〉，頁 8748～8749；（宋）葉適，《葉適集・水心文集》卷 24，〈兵部尚書徽猷閣學士趙公墓誌銘〉，頁 474～746。（以下簡稱〈趙師𢎼墓誌銘〉）

〔註68〕《延祐四明志》卷 5，〈人物考中・先賢〉，22a～22b，冊 6，頁 6212。

〔註69〕（宋）周密，《齊東野語》卷 3，〈誅韓本末〉，頁 49～50；（清）陸心源輯，《宋史翼》（北京：中華書局，1991 年），卷 14，〈王柟傳〉，16b，頁 151。

哪一宰執集團關係密切。

表3-4：臨安知府與宰執關係表

原編號	宰　執	臨安知府
2	范宗尹	季陵
7	呂頤浩	席益★
10	秦檜	梁汝嘉
18		王晙
21		趙不棄
22		湯鵬舉
23		宋眖
25		曹泳
26		韓仲通
61	趙汝愚	徐誼
86	史彌遠	袁韶
106	丁大全	顧嵒
111	鄭清之、史宅之、賈似道	趙與訔
112	史宅之	高衡孫★
110	賈似道	洪燾
113		魏克愚★
114		季鏞
116		劉良貴
120		潛說友
122		吳益
123		朱浚
124		黃萬石
125		曾淵子
128		文天祥★
126	陳宜中	趙孟傳

藉由此表可知，權相柄國期間，依附權相的知府人數比較多，韓侂胄因

歸類在近習，故其依附者已列入表 3-3。在上表中，依附秦檜有 7 人，賈似道
有 11 人，史彌遠 1 人。在知府名字右側標示★符號者為特殊情況，依附呂頤
浩的席益，先是呂頤浩、秦檜不喜孫覿，改以席益代其為臨安知府，〔註70〕席
益離任後，改任平江知府時才攀附上呂頤浩，〔註71〕後為呂頤浩引為執政，又
為呂所彈劾，〔註72〕並非穩固的政治同盟；史宅之與高衡孫、賈似道與魏克愚，
皆因財政政策而有所聯繫，高衡孫雖助史宅之括田，但因知其不便，而未接
受獎勵，〔註73〕任臨安知府時史宅之已死，又因賈似道反四明集團的政策而被
罷黜；〔註74〕魏克愚則是反對賈似道公田法而決裂。〔註75〕文天祥與賈似道，
曾在勒宦官、外戚的議題上有共同目標，但在賈似道獨攬大權後反目，〔註76〕
其任臨安知府時賈似道已死，宋旋亡國。其餘雖未見明確記載的知府，但按
照任命程序，是由宰執向皇帝推薦數人為候補人選，由皇帝首肯任命，因此
即便關係不是密切到可稱「朋黨」的程度，多少也會選擇可以合作的人選。

二、臨安知府對朝政的參與

1. 集議

宋朝國策，遇大事時，會召集百官集議。南宋初年亦承襲此國策，據《宋
會要》載：

> （建炎三年）閏八月一日，內降詔曰：「朕嗣位累年，寅奉基緒，愛

〔註70〕（宋）李心傳，《要錄》卷 48，紹興元年十月甲子條，頁 1001。

〔註71〕（宋）李心傳，《要錄》卷 57，紹興二年八月壬辰條，頁 1149。

〔註72〕《宋史》卷 381，列傳 140，〈程瑀傳〉，頁 11743～11744：「頤浩薦席益，既
　　　　得旨，以御批示後省官。瑀曰：『益為人公豈不知，何必用？』頤浩曰：『給
　　　　事不見御批耶？』瑀曰：『已見矣。公不能執奏，乃先示瑀輩，欲使不敢論駁
　　　　耶？然益之來，非公福也。』頤浩頩然，即劾益。」又見（宋）莊綽，《雞肋
　　　　編》卷中，〈雨來子與二形人〉，頁 71～72。

〔註73〕（清）王梓材，《宋元學案補遺》卷 25，〈高氏續傳〉，104a，收於《叢書集成
　　　　續編》，冊 249，頁 114。

〔註74〕張傳保，《民國鄞縣通志》（上海：上海書店出版社，1993 年），〈文獻志〉，收
　　　　於《中國地方志集成·浙江府縣志輯》，冊 17，頁 156。

〔註75〕《宋史》卷 173，志 126，〈農田之志〉，頁 4194；（元）方回，《桐江集》（臺
　　　　北：國立中央圖書館，民國 59 年），卷 2，〈讀宏翁弊帚集跋〉，頁 179；同前
　　　　書卷 3，〈乙亥前上書本末〉，頁 430。

〔註76〕見李華瑞，〈文天祥與南宋末年宰執之關係考〉，《宋代史文化研究》（成都：
　　　　四川大學出版社，2009 年），第 17 輯，頁 398～403。

育生靈，凡可以和戎息兵者，卑辭降禮，無所不至。而敵人猖蹶，
迫逐陵犯，未有休息之期，朕甚悼之⋯⋯昔漢高謀臣良將多矣，都
雒之計已定，及聞婁敬一言，而入關之意立決。況吾士大夫之確論，
朕豈不能虛懷而樂從之哉？三省可召應行在職事官兵條具以聞。」
是日，輔臣呂頤浩召百官就都堂，應詔條具駐蹕事共二十五封，至
晚進入。翌日，上宣諭曰：「昨晚臣僚條具事，猶未曾觀。國家大事，
召百官議，蓋亦古制，如陸贄奏議是也。」頤浩曰：「祖宗時，遇大
事亦召公卿集議。」王絢曰：「《書》所謂大疑謀及卿士。」上曰：
「但恐封事中趣向必不一。公生明，偏生闇，人能至公，議論自有
見處昔真宗澶淵之役，陳堯佐蜀人，則欲幸蜀；王欽若南人，則欲
幸金陵。唯寇準決策親征。人臣若不以家謀，專以國計，則無不安
利矣。」〔註77〕

由上述可知，集議的對象為百官，統籌上奏者為宰相呂頤浩；戰況危急，可
能動搖國本時，亦會召集侍從、臺諫、卿監、郎官至都堂集議，如《宋史全
文》載：

　　（開慶元年九月）丙寅，詔上流事急，令侍從、臺諫、卿監郎官赴
　　都堂集議以聞。〔註78〕

開慶之役是蒙古分路斡腹侵攻南宋的戰略，嚴重到甚至讓理宗考慮遷都，召
集百官集議討論策略是為當然的情況；又如《宋會要》所記，有關集議的場
所、成員、程序，有更明確的記錄，據載：

　　國初，典禮之事當集議者，悉集都堂。設左右丞座於堂之東北，南
　　向；御史中丞於堂之西北，南向；尚書、侍郎於堂之東廡，西向；
　　兩省侍郎、常侍、給事、諫舍於堂之西廡，東向；知名表郎官於堂
　　之東南，北向；監議御史於堂之西南，北向。又設左右司郎中、員
　　外於左右丞之後，三院御史於中丞之後，郎中、員外於尚書、侍郎
　　之後，起居、司諫、正言於諫舍之後。如有僕射、御史大夫，即座
　　於左右丞、中丞之前。如更集它官，即諸司三品於侍郎之南，東宮
　　一品於尚書之前，武班二品於諫舍之南，皆重行異位。卑者先就席。

〔註77〕《宋會要》帝系9之26～27，〈詔群臣言事〉，冊1，頁225。集議處在尚書
　　　省都堂，見《宋會要》職官4之4，〈尚書省〉，冊5，頁3095。
〔註78〕《宋史全文》卷36，理宗開慶元年九月丙寅條，頁2885。

－109－

左右丞升廳，省吏抗聲揖羣官就座。知名表郎官以所議事授所司捧
詣左右丞，當以判都省官主席。皆先下詔都省，省吏以告當議之官。
左右丞執卷展讀訖授中丞，中丞授於尚書、侍郎，以次讀訖，復授
知名表郎官。將畢，左右丞捧筆叩頭揖羣官，以一幅書所議事節，
書字其下，授於四座。監議御史命吏告云：「所見不同者請不書字。」
以官高者為表首。如止集本省官，座如常儀。其知名表郎官、監議
御史座仍北向。僕射已上得乘馬至都堂，他官雖同中書門下平章事
止屏外。〔註79〕

然而，此處的「集議」限定為典禮之事，集議對象為宰執、侍從、臺諫、兩省
官，過程極具形式化，正如《雜記》所記普安郡王（孝宗）生父秀王趙子偁去
世時所下詔令，命宰執、侍從、臺諫討論普安郡王該如何服喪，〔註80〕當時的
敷文閣待制、知臨安府張叔獻亦為與會者之一，寺地遵將其歸類於秦檜政治
集團成員；〔註81〕紹興三十二年，孝宗為太上皇、太上皇后上尊號的集議，時
為敷文閣待制、知臨安府的趙子瀟亦參與其中；〔註82〕淳熙十五年（1188），
討論祔廟配饗高宗的功臣，時為（權）工部尚書兼知臨安府的韓彥質亦在其
中；〔註83〕不過，紹熙三年（1192）時，直顯謨閣、知臨安府的袁說友，並未
參與當時太學取士的集議。〔註84〕上述所舉四例，有尊號、諡號等禮制的集議，
有太學補試的議論，唯有太學補試的集議，臨安知府未有參與，可能是袁說
友貼職僅為直顯謨閣，未至從官，故資格不符；此外，集議對象會根據內容
而有所不同，如討論禮制方面會增加禮官、軍事則增加武官等，頗具彈性，
〔註85〕如韓侂胄謀北伐，曾會從官於私邸南園，趙師𥆙時以權工部尚書兼知
臨安府，即在與會者中，〔註86〕而臨安知府若未有侍從資格，或與所議事務與

〔註79〕《宋會要》儀制8之1，〈集議〉，冊4，頁2449。
〔註80〕（宋）李心傳，《雜記》乙集卷1，〈壬午內禪志〉，頁502。
〔註81〕（日）寺地遵，《南宋初期政治史研究》，頁330。時張叔獻已升敷文閣待制，
　　　　見（宋）李心傳，《要錄》卷151，紹興十四年正月己巳條，頁2846。
〔註82〕《宋會要》儀制8之19，〈集議〉，冊4，頁2459。
〔註83〕《宋會要》儀制8之22，〈集議〉，冊4，頁2460。
〔註84〕《宋會要》崇儒1之46，〈太學〉，冊5，頁2756～2757。
〔註85〕（日）平田茂樹，《宋代政治結構研究》，頁165～167；周佳，《北宋中央日常
　　　　政務運行研究》，頁227～238。
〔註86〕（宋）葉適，《葉適集・水心文集》卷24，〈趙師𥆙墓誌銘〉，頁475；（宋）
　　　　葉紹翁，《四朝聞見錄》戊集，〈犬吠村莊〉，頁195。

其業務無關聯，則罕見參與集議。

2. 奏對

北宋的奏對分為常規性和臨時性，常規性的主要為早朝時的分班奏事和後殿再坐時的諸司引對，北宋中期後，早朝時的分班奏事趨於穩定化，其中又以在垂拱殿舉行早朝的分班奏事最為重要，北宋初期至中期早朝的分班奏事，主要由中書門下、樞密院、三司、開封府、審刑院這五個中央主要部門依次奏事，元豐改制後改為以三省、樞密院、開封府為主。早朝分班奏事是一種定期的、以機構名義，由部門長官集體觀見的常規性奏事活動，目的是在有限的時間內向皇帝集中彙報諸要司的例行取旨事務，便於皇帝集中處理，許多重大、緊急，需要反覆討論的政務，未必會放在早朝分班奏事場合討論，然而，由於這是大臣與君主定期見面、溝通的常規渠道，也是維持中央日常政務有效運行和及時裁處的重要保障，被視為君主勤政與否的標準，呈現的是君臣奏對活動中最頻繁、穩定、制度化，被優先保證的部分。〔註87〕

南宋初期大抵繼承了北宋的奏對程序，因宮廷建築格局與北宋皇城不同而有所差異，主要表現在一殿多名，隨事更換匾額、臣僚進宮奏對時的麻煩程度，前者為南宋皇城規模縮減的現實考量，後者則是對北兩府南皇宮的皇城佈局，考量到臣僚奏對前所經關卡的安排，而增加了在選德殿的「內殿引見」。由於前殿、後殿的君臣交流方式，通常為臣僚閱讀劄子來陳奏意見，因時間因素而較少就劄子以外的問題來交流意見，故「內引」為君臣之間較能深入討論，其意義比宣讀奏劄來得更有意義，君臣之間的應對也較前、後殿奏對時更從容。〔註88〕

臨安知府的奏對，大部分是以早朝的分班奏事，彙報所部例行取旨業務為主，如工部侍郎、兼知臨安府潘景珪彙報的內容，據《宋會要》錄全文於下：

> （紹熙二年）三月二十五日，工部侍郎兼知臨安府潘景珪言：「竊見臨安府每歲合納和買，自宣和年間分下常州，而常州則又均下江陰，蓋是付江陰在常州則為屬邑，其後陞為軍，今常州者既以罷免，而

〔註87〕周佳，《北宋中央日常政務運行研究》，頁281～282。
〔註88〕韓冠群，〈御殿聽政：南宋前期中樞日常政務的重建與運作〉，《歷史教學》，2019年第2期，頁44～51；王化雨，〈南宋宮廷的建築佈局與君臣奏對：以選德殿為中心〉，《史林》，2014年第4期，頁64～74。

江陰軍者除節次蠲放外，尚有二千五百四十三匹有奇。今以臨安府
之和買而分責之於江陰之民，則是一時權宜之制，安有物產在臨安
府而和買在江陰之理乎？欲候至今年八月，將臣節省到浮費錢與江
陰軍認納前項絹，每年於戶部八月買絹場內盡數收買本色輸納，如
從其請，乞下江陰軍免行寄買，日後不得妄有科敷。」從之。〔註89〕

和買是宋朝取得賦稅額以上所需物資的一種手段，理論上是在雙方合意的情
況下進行交易，但在執行過程中經常呈現強制性購買，甚至朝賦稅徭役轉化
的趨勢，南宋初期正好是此趨勢的轉捩點，〔註90〕潘景珪的上奏指出和買物和
產地分離的不合理性，請求改回到臨安府和買絹，免除江陰軍的科敷，這屬
於本部轄下事務。

另一例子，為權戶部侍郎、兼知臨安府趙子瀟的上奏，內容則與典禮經
費有關，據載：

(紹興三十二年) 九月二十四日，知臨安府、兼權戶部侍郎趙子瀟
言：「內外財賦支用日廣，宜先撙節。自今遇典禮，應諸色執掌行事
等官吏，乞朝廷預減人數，庶免冗濫妄費。仍更不支降料次折食錢。」
從之。〔註91〕

折食錢原為在京內、外官員出差至景靈宮酌獻的出差津貼，由係省錢內支撥，
〔註92〕南渡後朝廷的祭典大體由臨安府承辦，〔註93〕伙食也依宮內格式饌造，
〔註94〕故要求取消折食錢這項津貼。

遇到天災時，除請求轄下稅役蠲免，還請求推行至各路州縣，如《宋會
要》中的記載：

(乾道三年) 閏七月二十六日，詔：「臨安府臨安縣被水，隨本府具
到人戶等第蠲放。」知臨安府事周淙奏：「契勘本府管下臨安縣七月

〔註89〕《宋會要》食貨 70 之 79，〈賦稅雜錄〉，冊 13，頁 8147。

〔註90〕李曉，《宋朝政府購買制度研究》(上海：上海人民出版社，2007 年)，頁 310
～314；趙葆寓，〈宋朝的「和買」轉變為賦稅的歷史過程〉，《社會科學戰線》，
1982 年第 2 期，頁 131～136。

〔註91〕《宋會要》禮 14 之 85，〈群祀三〉，冊 2，頁 787。

〔註92〕《宋會要》禮 1 之 22，〈郊祀儀注·職事〉，冊 1，頁 505。

〔註93〕南宋的祭典由臨安府承辦庶務，還成立專門的下轄事務機構大禮局、排辦司，
見《宋史》卷 116，志 119，〈臨安府〉，頁 3944。

〔註94〕(宋) 周煇，《清波雜志校注》(北京：中華書局，1994 年)，卷 9，〈御府折
食錢〉，頁 417～418。

十四日因天目山洪水暴漲，衝損高六等五鄉民戶屋宇，溺死人口。
已具奏聞，差官同令佐遍詣被水去處，支給錢米賑濟訖，計二百八
十五戶。竊見上件人戶被水之後，理宜寬恤。今具所差官錢塘縣丞
余禹成具到，除五戶無稅可放，二百八十家各有合納稅賦，乞將被
水之家合納稅賦隨輕重減（數）放。內周向等二十四家衝損屋宇家
計，溺死人口，欲放今年夏秋兩料并來年夏料錢；于興等一百四十
一家衝損屋宇，什物不存，欲放今年夏秋稅兩料；盛慶全等七十家
衝損一半屋宇、什物，欲放今年夏料。以上三項，並係第五等以下
人戶。及鍾友端等四十五家各係上戶，內鍾友端等四戶被水至重，
欲放今年夏料；施理等四十一戶被水次重，欲放半料。以上通計合
放和買夏稅紬絹綾本色折帛一千三百四疋三丈有畸，零綿百九十二
兩一錢，役錢四百二十四貫七百七十三文，丁錢六卜九貫二百文，
苗米三十七碩有畸，零茶錢一十九貫有畸。乞降付有司，特與蠲放。」
並從之。

八月二十日，詔：「以近日連雨不止，令諸路監司、守令將見禁公事
速行結絕，無辜干連之人並與日下疎放，少欠私債寬限理還。」從
知臨安府周淙請也。〔註95〕

周淙除請求轄下臨安府境內的受災戶稅役蠲免外，更進一步請求各路州縣加
速見禁公事的結案、牽連無辜之人的釋放，以及還債日期的寬限。

　　紹定二年（1229），太府少卿、兼知臨安府趙立夫進對，請求將臨安府轄
下海內、茶槽、下沙三營寨合併，宋理宗先問了每寨人數，話題即轉向京師
訴訟、刑獄，據載：

己巳，太府少卿、知臨安府趙立夫進對，乞將海內、茶槽、下沙合
為一寨。上曰：「每寨幾人？」立夫奏：「多者百二十人。」上曰：
「京城民訟如何？」奏云：「臣幸與民相安。」上曰：「都民當撫摩，
使常在春風和氣中，不可使有愁歎。」上問刑獄如何，奏云：「本
府三獄，兩獄常空。」上曰：「民命所關，不可淹延。」〔註96〕

知府趙立夫的進對是尋常取旨處分的事情，顯然宋理宗並不滿意只有如此，
為表現自我而詢問京師的訴訟、刑獄情況，並提出對治理都民的見解。

〔註95〕《宋會要》瑞異3之7～8，〈水災〉，冊5，頁2653。
〔註96〕《宋史全文》卷31，理宗紹定二年十月己巳條，頁2651。

端平三年（1236），試將作監、兼知臨安府事顏頤仲進對，談敬天、用人、為君之心態，理宗皆有自己見解。〔註97〕

此外，尚有權工部侍郎、兼知臨安府錢象祖請求依照舊制令侍從官輪進經筵；〔註98〕司農卿、兼知臨安府趙師罿對刁民越級投訴、攔車駕告訴、直接到登聞鼓院投訴等的問題提出看法和建議；〔註99〕試工部侍郎、知臨安府王佐對審判翻異案件，將嫌犯送大理寺別推時，提出將推吏一併移送的建議；〔註100〕右朝奉郎、直龍圖閣、知臨安府張叔獻，對於宴請金朝賀正旦使的流程、場地，與舊例不同，請求新的指示；〔註101〕戶部侍郎兼權兵部尚書、知臨安府趙與懽奏選才應量才授任，而不必拘於資格。〔註102〕由上述所舉的例子，可以看出臨安知府所奏之事並不限於所轄境內事務，還有承辦朝廷庶務的部分，這可能與其兼任職位有關。

3. 參與朝廷典禮
（1）上尊號

上尊號是較少見的典禮，對象為皇帝的祖母、父母，在上尊號前要先經過集議，決定後上奏，取得許可，再排辦典禮。如前提及，時任臨安知府的趙子瀟參與了上高宗尊號的集議，接下來的典禮他也參加了，以權戶部侍郎兼知臨安府擔任奏中嚴外辦一職；〔註103〕張杓則以權兵部尚書兼知臨安府擔任押冊案吏部侍郎一職，參與了上孝宗尊號的典禮；〔註104〕軍器少監兼知臨安府李澄，擔任協律郎一職，參與上孝宗謝皇后（時為太皇太后）尊號的典禮。〔註105〕

（2）冊后典禮

宋朝冊命皇后時，多不行典禮，僅由宰執持冊冊封。〔註106〕如舉行典禮，則有固定儀式，宋朝初次舉辦冊后典禮，是仁宗冊命曹皇后時，由太常禮院依

〔註97〕《宋史全文》卷31，理宗端平三年四月己亥條，頁2706。
〔註98〕《宋會要》崇儒7之21，〈經筵〉，冊5，頁2896。
〔註99〕《宋會要》職官3之73，〈登聞院〉，冊5，頁3090～3091。
〔註100〕《宋會要》職官5之50，〈推勘〉，冊5，頁3145。
〔註101〕《宋會要》職官36之44～45，〈主管往來國信所〉，冊7，頁3912。
〔註102〕《宋史全文》卷33，理宗嘉熙元年三月己未條，頁2724～2725。
〔註103〕《宋會要》禮49之28，〈冊尊號雜錄附·尊號十〉，冊3，頁1799。
〔註104〕《宋會要》禮49之48，〈冊尊號雜錄附·尊號十一〉，冊3，頁1812。
〔註105〕《宋會要》禮50之16，〈后妃尊號·雜錄〉，冊3，頁1876。
〔註106〕《宋會要》禮53之1，〈冊后〉，冊4，頁1931。

例召集參加者排練，[註107]徽宗大觀四年至政和元年（1110～1111）時重定冊后典禮，[註108]政和三年（1113）頒佈《五禮新儀》，此後舉行冊后典禮，皆以此為參考；[註109]南宋舉辦冊后典禮，是淳熙十六年（1189）依照已退位為太上皇的孝宗指示，冊封光宗李皇后，當時的權兵部尚書兼知臨安府張杓，擔任奏中嚴外辦之職，參與該典禮；[註110]慶元二年（1196）寧宗舉行冊立韓皇后的典禮，太府少卿兼知臨安府王涘，擔任舉冊官一職；[註111]嘉泰二年（1202），寧宗冊立楊皇后，軍器少監兼知臨安府李澄，擔任引冊奉寶副使一職。[註112]

（3）禳災儀式

傳統中國是農業社會，收成與氣候息息相關，每逢災害發生，除盡人事行荒政，往往求助於上蒼神明禳災避禍，官方、民間皆有禳災習俗，[註113]至宋朝時形成上從皇帝，下至庶民的卜算、祈福、禳災、看風水風氣；[註114]朝廷對民間信仰的態度，一方面採取打擊淫祀，一方面以冊封賜額的方式，加以控制；[註115]其中的禳災儀式，貫穿傳統中國歷史，形成國家禮制，每逢水旱天災，或皇帝躬親，或派遣侍從官禳災，據《宋會要》載：

> 國朝凡水旱災異，有祈報之禮。祈用酒、脯、醢，報如常祀。宮觀寺院以香茶、素饌。京城玉清昭應宮、上清宮、今廢。景靈宮、太一宮、太清觀、今建隆觀。會靈觀、今集禧觀。祥（原）【源】觀、今醴泉觀。大相國寺、封禪寺、今開寶寺。太平興國寺、天清寺、天壽寺、今景德寺。啟聖院、普安院，以上乘輿親禱。或分遣近臣【告】昊

〔註107〕《宋會要》禮53之2～3，〈冊后〉，冊4，頁1932～1934。
〔註108〕《宋會要》禮53之6～8，〈冊后〉，冊4，頁1938～1939。
〔註109〕《宋史》卷21，本紀21，〈徽宗三〉，頁391。
〔註110〕《宋會要》禮53之9，〈冊后〉，冊4，頁1940。
〔註111〕《宋會要》禮53之11，〈冊后〉，冊4，頁1942。
〔註112〕《宋會要》禮53之13，〈冊后〉，冊4，頁1944。
〔註113〕皮慶生，《宋代民眾祠神信仰研究》（上海：上海古籍出版社，2008年），頁143～147；郜迪，〈中國古代祈雨習俗及祈雨文學研究綜述〉，《上饒師範學院學報》，34卷第2期，2014年，頁38～46。
〔註114〕劉祥光，《宋代日常生活中的卜算與鬼怪》（臺北：政治大學出版社，2013年），頁2、4～7。
〔註115〕皮慶生，《宋代民眾祠神信仰研究》，頁272～295；（美）韓森（Valerie Hansen）著，包偉民譯，《變遷之神》（上海：中西書局，2016年），頁81～83；康武剛，《論宋代基層勢力與基層社會控制》，華東師範大學博士論文，2009年，135～143。

天上帝於南郊，皇地祇於北郊或南郊。（望祭）【祠】太廟，社稷，
諸方嶽鎮海瀆。於南郊望祭。天齊仁聖帝廟、五龍堂、城隍廟、祆祠、
報慈寺、崇夏寺、報先寺、今乾明寺。九龍堂、浚溝廟、子張、子夏
廟、信陵君廟、段干木廟、扁鵲廟、張儀廟、吳起廟、單雄信廟，
以上並敕建、遣官。九龍堂以下舊只令開封府遣官，後皆勅差官。仍令諸
寺院宮觀開啟道場。今水旱亦令依古法祈求。五嶽四瀆廟、河中府后土、
亳州太清宮、兗州會真宮、河中府太寧宮、鳳翔府太平宮、舒州靈仙
觀、江州太平觀、亳州明道觀、泗州延祥觀、兗州景靈宮、太極觀，
以上並勅差朝臣或內侍，自京齋香合、祝板，馳驛就祈。五嶽真君觀、
泗州普照寺、西京無畏三藏塔，以上並遣內臣詣建道場。〔註116〕

該段描述顯示北宋時遇到災異時，行祈、報之禮的場所、派遣的使者層級、
醮齋形式，另據《宋會要》所載京城乾旱時的祈、報場所：

（至道二年二月十五日）太常禮院上言：「按典禮，凡京都旱，則祈
嶽、鎮、海、瀆及諸山川能興雲雨者，於北郊望而祭之。又祈宗廟、
社稷。每七日一祈，不雨，還從北郊如初。旱甚則雩，雨足則報。
祈用酒、脯、醢，報如常祀，皆有司行事。已（齋）【齋】及未祈而
雨者，皆報祀。」〔註117〕

南宋時大抵如北宋之制，〔註118〕因地理環境變遷，相較於北宋，皇帝親自出
宮祈雨的巡幸場所數量銳減，集中在太一宮、明慶寺、圜丘，其餘大部分場
所則派遣朝臣前往，〔註119〕如宰執、侍從、卿監等高級官員，〔註120〕自臨安
知府俞俟請求敕封上天竺靈感觀音後，〔註121〕如遇水旱的情況，多遣近臣、

〔註116〕《宋會要》禮18之2，〈祈雨〉，冊2，頁949～950。
〔註117〕《宋會要》禮18之4，〈祈雨〉，冊2，頁951。
〔註118〕《宋會要》禮18之24，〈祈雨〉，冊2，頁963。
〔註119〕趙嗣胤，《南宋臨安研究——禮法視野下的古代都城》，復旦大學碩士論文，
2011年，頁57～58。
〔註120〕如乾道四年六月，命宰執、侍從、臨安府祈、報上天竺明慶寺靈感觀音，見
《宋會要》禮18之20～21，〈祈雨〉，冊2，頁961～962；嘉泰元年派卿監、
郎官前去東嶽祠、伍子胥祠、天王神、城隍廟、旌忠觀祈禱，見《宋會要》
禮18之27，〈祈雨〉，冊2，頁965。
〔註121〕上天竺靈感觀音的敕封是經由臨安知府俞俟奏請而成，見《宋會要》禮18
之19，〈祈雨〉，冊2，頁961；也曾直接迎入大內祈禱，見（元）劉一清，
《錢塘遺事》卷1，〈三天竺〉，頁19。

臨安府官員至上天竺、霍山等祠廟，或迎靈感觀音入城，舉行祀典，[註122]
以下將臨安府祈雨、祈雪、祈晴、禳災事蹟簡化為表3-5，以裨讀者理解。

表3-5：臨安府祈禳記錄表

皇　帝	時　　間	祈禳記錄	資料來源
宋孝宗	乾道四年（1168）六月十二日	詔臨安府於今月十三日早，如法迎請觀音入城祈雨。	《宋會要》禮18之20，〈祈雨〉，冊2，頁961。
	乾道七年（1171）	臨安府迎天竺觀音於明慶寺祈雨。	《宋會要》禮18之21，〈祈雨〉，冊2，頁962。
	淳熙七年（1180）	令知府吳淵於明慶寺祈禱。	《宋會要》禮18之23，〈祈雨〉，冊2，頁963。
宋光宗	紹熙五年（1194）五月十三日	命臨安府迎請上天竺靈感觀音，就明慶寺祈禱。	《宋會要》禮18之25，〈祈雨〉，冊2，頁964。
宋寧宗	慶元三年（1197）三月二十六日	詔：「雨澤稍愆，令臨安府守臣詣天竺山精加祈禱，務獲感應。」	《宋會要》禮18之26，〈祈雨〉，冊2，頁964。
	慶元六年（1200）四月二十七日	命臨安府守臣迎請上天竺靈感觀音，就明慶寺祈禱；五月四日，命臨安府、安撫司差上官三員同奉詔分遣官齋祝版前去洞霄宮、徑山龍潭、天目山龍洞祈禱。	《宋會要》禮18之27，〈祈雨〉，冊2，頁965。
	開禧二年（1206）十一月二十八日	令臨安府迎請上天竺靈感觀音就明慶寺，同所輪侍從祈禱。	《宋會要》禮18之32，〈祈雪〉，冊2，頁967。
宋理宗	寶慶三年（1227）七月庚寅	以久雨，命臨安守臣禱於天竺山。	《宋史全文》卷31，理宗寶慶三年七月庚寅條，頁2639。

[註122]　《宋會要》禮18之20，〈祈雨〉，冊2，頁961；（宋）周密，《武林舊事》（臺北：新興書局，民國68年），卷5，〈湖山勝槩‧三天竺〉，收於《宋元筆記小說大觀》28編，冊2，頁811。除靈感觀音外，祈雨的對象神明另有張王，張王信仰自唐、五代，至宋已流傳一千三百餘年，南宋臨安官民將其誕辰視為重大慶典，遇災禍禳祈頗具靈驗，見（宋）吳自牧，《夢粱錄》卷1，〈八日祠山聖誕〉，頁14～15；相關研究，參見皮慶生，《宋代民眾祠神信仰研究》，頁34～96；（美）韓森，《變遷之神》，頁146～158；陳穎瑩，〈宋代張王信仰中的祭祀活動與儀式〉，《中正歷史學刊》14期，民國100年，頁161～191。

	紹定元年（1228）四月癸亥	命臨安府禱雨於天竺山。	《宋史全文》卷31，理宗紹定元年四月癸亥條，頁2643。
	紹定四年（1231）四月癸酉	以久雨，命臨安守臣禱於天竺山。	《宋史全文》卷32，理宗紹定四月癸酉條，頁2667。
	紹定五年（1232）四月丁卯	以久雨，命臨安守臣禱於天竺山。	《宋史全文》卷32，理宗紹定五年四月丁卯條，頁2671。
	淳祐五年（1245）六月丙寅	以缺雨，命臨安守臣禱雨於天竺山、霍山。	《宋史全文》卷34，理宗淳祐五年六月丙寅條，頁2779。
	寶祐六年（1258）三月辛亥	命臨安守臣禱雨於天竺山、霍山。	《宋史全文》卷35，理宗寶祐六年三月辛亥條，頁2866。
宋度宗	咸淳二年（1266）十二月	因將郊祀天地，命京尹潛皋墅（說友）祈雪祥禱於（忠祐）廟，即降大雪。	《夢粱錄》卷14，〈外郡行祠〉，頁247。

除上述明確表示由臨安府或知府前往禳祈，有更多模糊的敘述，即派遣「近臣」、「侍從」、「卿監」、「郎官」、「兩浙漕臣」前去祭祀，〔註123〕考慮到臨安知府多由卿監從官或浙漕兼任，因此禳祈者中極有可能包含臨安知府在內。

（4）進春牛、鞭春

立春進春牛於禁庭一事，北宋開封府已然，臨安府乃繼承北宋舊習，於立春時進春牛，知府率僚佐入禁庭鞭春，如方州儀。〔註124〕

由此可知，臨安知府對朝廷事務的參與，除了集議、奏對，主要集中在上尊號、冊后、禳災祀典的參與，朝議若涉及知府業務才參加；禮儀典禮，則看是兼何種職務來決定。

〔註123〕如淳祐八年九月己未，以秋霖，命從臣一人禱雨於天竺山，卿監、郎官禱雨於霍山，見《宋史全文》卷34，理宗淳祐八年九月己未條，頁2795；同書卷36，理宗景定二年五月己丑條，頁2902；《宋會要》禮18之31，〈祈雨〉，冊2，頁967。

〔註124〕（宋）孟元老撰，鄧之誠注，《東京夢華錄注》（香港：商務印書館，民國50年），卷6，〈立春〉，頁171；（宋）吳自牧，《夢粱錄》卷1，〈立春〉，頁5。

第二節　臨安府的中央業務及知府的執行情況

一、外交庶務

　　兩宋時代，外交主管機關為樞密院，客省亦承擔部分送往迎來的工作；對遼、金外交事務由特定機構負責，北宋時，稱為「管勾往來國信所」，南宋避高宗諱，改稱「主管往來國信所」，以內侍為長官，〔註125〕象徵皇帝直接介入對等的遼、金外交事務，其他諸國朝貢，則由客省置局主管，〔註126〕不同館驛接待，仍由臨安府承辦庶務和支付開銷。有別於禮部、鴻臚寺主管的朝貢外交，國信所受樞密院指揮，專責對遼、金外交事務，可不必申省，直接關牒業務相關機構，借調所需人員，是相對獨立的外交事務機構，〔註127〕臨安府正為其關牒對象之一，包辦人手、資材、場地、建築等工作，《宋史》曰：

> 凡大禮及國信，隨事應辦，祠祭共其禮料，會聚陳其幄幕，人使往來，辨其舟楫，皆先期飭于有司。〔註128〕

上為《宋史》對臨安府在外交活動中承擔的責任概括敘述，《宋會要》則有更為詳實的過程記錄，主要但不限於對金外交，對朝貢外交的其他國家，採以遼、金使團待遇減半的方式，進行接待，〔註129〕下列將臨安府承辦國信所委託之庶務進行論析。

1. 臨安府承建都亭驛和後續維護

　　宋廷南渡，諸事草創，紹興八年（1138）宋金第一次和議時，金使使宋，倉促無專門接待使者的場地，遂以左僕射府權充使館；〔註130〕紹興十一年

〔註125〕《宋會要》職官36之32，〈主管往來國信所〉，冊7，頁3905。

〔註126〕《宋會要》職官35之17，〈四方館〉，冊7，頁3882。

〔註127〕吳曉萍，《宋代外交制度研究》（合肥：安徽人民出版社，2006年），頁276～277；李輝，《宋金交聘制度研究（1127～1234）》（上海：上海古籍出版社，2014年），頁23～29；朱溢，〈北宋外交機構的形成與演變——以官僚體制和周邊局勢的變動為線索〉，《史學月刊》，2013年第3期，頁33～42。

〔註128〕《宋史》卷166，志119，〈臨安府〉，頁3944。

〔註129〕《宋會要》職官35之15，〈四方館〉，冊7，頁3881：「同日，詔：『占城進奉人到闕，在驛主管諸司官就差監驛官與臨安府排辦事務官同共管幹，疾速施行。』」吳曉萍，〈兩宋京府的外交職能〉，《安徽師範大學學報‧人文社會科學版》，39卷第1期，2011年，頁35～38。

〔註130〕《宋會要》職官36之43，〈主管往來國信所〉，冊7，頁3911。

（1141）第二次締結和議，宋、金建立穩定外交關係，翌年，由臨安府承建之都亭驛落成，與主管往來國信所交割。〔註131〕都亭驛位於候潮門內，國信所便設於都亭驛，〔註132〕之後的設施維護，由臨安府和兩浙路轉運司定期整修。〔註133〕

2. 人員借調

人員招募與借調，係指依照國信所、四方館等外交機構提出的申請，從臨安府、兩浙轉運司下轄單位借調人員，支援對金外交事務，或從臨安府、三衙抽調禁軍及領兵官，進行警備、護衛、巡邏、管制交通等工作。

（1）迎送和館伴

北宋時即制訂開封府官接伴人使、祖送人使的法令，〔註134〕對遼外交的舊例，是派遣開封府少尹一人迎、送遼朝使節團，故南宋時接待金使，亦差臨安知府在京迎、送。〔註135〕不過，由於地理環境的差異，迎送程序略有不同，據載：

> （紹興十三年）十二月五日，知臨安府張叔獻言：「主管往來國信所報，舊例，大遼國賀正旦使人赴闕，開封府少尹一員往陳橋迎接茶酒；於班荊館賜御筵酒菓；入門赴驛。本府契勘已降指揮，於赤岸賜御筵，所有本府東倉排辦接見茶酒係在御筵之後，即與舊例不同。」詔於臨平鎮排辦。〔註136〕

南宋的班荊館、赤岸港皆在臨平鎮，〔註137〕從地理空間的角度來看禮儀程序，按照舊例，原本舉辦的迎接金使的茶酒宴應在御筵之前，但因政治地理變遷

〔註131〕《宋會要》職官36之43，〈主管往來國信所〉，冊7，頁3912。

〔註132〕（宋）周淙，《乾道臨安志》卷1，〈行在所・館驛〉，11b，冊4，頁3219；（宋）吳自牧，《夢粱錄》卷10，〈館驛〉，頁165。

〔註133〕《宋會要》方域10之16，〈驛傳雜錄〉，冊16，頁9471。

〔註134〕（宋）孫逢吉，《職官分紀》卷45，〈國信使・差開封府官祖送人使條例〉，14b～16a，頁829～830。

〔註135〕《宋會要》職官51之16，〈國信使〉，冊8，頁4425。

〔註136〕《宋會要》職官36之44～45，〈主管往來國信所〉，冊7，頁3912。

〔註137〕《乾道臨安志》卷1，〈行在所・館驛〉，11b，冊4，頁3219；（宋）陸游，《入蜀記》（臺北：新文豐出版公司，民國74年），卷1，〈六月〉，收於《叢書集成新編》，冊96，頁59；（清）張大昌輯，《臨平記補遺》（臺北：新文豐出版公司，民國78年），卷1，〈事記〉，10b～11b，收於《叢書集成續編》，冊232，頁397～398。

而改在城內東倉，即與禮儀程序抵觸，因此由負責接、送的臨安知府上報，請求指示，改為全部在臨平鎮舉行。

接手伴送使至臨安後的陪同工作，是為館伴使，北宋舊例是以尚書、學士館伴，[註138] 南宋依照對遼舊例為之，其工作是負責安排金使起居，與之溝通，傳達朝廷旨意，若非奉旨，不得隨意與金使接觸。館伴使的任命方式，由宰相擬出候選者，皇帝欽點，[註139] 故臨安知府出任館伴使，可視為臨時的特殊差遣，如淳熙元年（1174），由權兵部尚書、兼知臨安府沈度假試吏部尚書充當館伴，[註140] 然而，沈度先是託疾迴避這項任務，聽聞金使恭順，又改口病癒，因而受到彈劾。[註141] 考慮到接送伴使、館伴使皆以從官（部分借官）為之的情況，[註142] 負責接伴、祖送的臨安知府亦多以從官兼知，或許與宋金外交有關。

（2）負責館驛的警備諸事務

金使入住都亭驛後，提供警衛保護金使居住、出入安全、交通管制的工作也由臨安府負責，《宋會要》載：

> （紹興三年）十二月十七日，知臨安府梁汝嘉言：「人使非晚到行在，昨來在京合係三衙差軍巡人把巷約闌。今來本府依做下項：一、自候潮門裏并朝天門裏，候人使到，並於一更三點斷夜。一、朝天門裏欲每十丈或十五丈置一鋪，每鋪差軍（兵）十名或五名。一、所宿泊一門外，欲令臨安府巡尉分地分約闌；候潮門裏，乞朝廷選差施行。一、地內如有遺漏，乞加等斷罪。詔：第一項依；第二項，每十五丈各置一鋪，每鋪差軍兵五人，其軍兵仰神武中軍差撥；第三項，令神武中軍并臨安府各差兵將官二員，分地分約闌，仍具姓名申尚書省；第四項依。仍出榜曉諭。[註143]

由上述可知，規劃、承辦者為臨安府，調動三衙禁軍警備館驛、管制交通，

〔註138〕（宋）葉夢得，《石林燕語》（北京：中華書局，1984年），卷7，頁95。

〔註139〕李輝，《宋金交聘制度研究（1127～1234）》，頁59；吳曉萍，《宋代外交制度研究》，頁148～167。

〔註140〕《宋會要》職官51之25，〈國信使〉，冊8，頁4431。

〔註141〕《宋會要》職官72之1，〈黜降官九〉，冊8，頁4967。

〔註142〕李輝，《宋金交聘制度研究（1127～1234）》，頁59；吳曉萍，《宋代外交制度研究》，頁56～61。

〔註143〕《宋會要》職官36之42，〈主管往來國信所〉，冊7，頁3911。

必須經過朝廷同意，事實上，臨安府內、外的治安是由三衙、府隸禁軍抽差而來，領兵長官則是三衙派員兼任，〔註144〕警備、巡邏官兵的犒設由戶部支付。〔註145〕

3. 國信排辦

金使到館後，外交活動即展開，臨安府承辦的部分為宴會、典禮的排辦工作，其中所需各種物資、館內、外工作人員的聘請、工錢乃至於出差費，皆由臨安府支付。

（1）出差費的支付

出差對象可分為地方職司擔任押伴至臨安府、客省派遣至國信所這兩類，出差費用皆由臨安府承擔，以占城國使團至臨安府為例，《宋會要》云：

> （紹興二十五年十一月）二十一日，詔：「福建市舶司差到使司韓全等八人押伴占城進奉人到闕，回日可就差伴送前去，合得券錢，令臨安府自到闕日照券批支。」

> 同日，詔：「占城進奉人到闕，已降（指）揮，客省置局主管，日輪官一員到驛照管。合破酒、喫食等，依押伴官支破。其客省使臣、行首、承受、典書、投送文字兵士，各日支食錢并合用紙劄、朱紅，據數並令臨安府支破，食錢自入驛日起支，起發日住支。」〔註146〕

由上述本文可知，擔任押伴的韓全等人的出差費是由臨安府支付，從進京日開始計算；從客省派遣至懷遠驛〔註147〕的官員，其出差費、伙食費、雜費，皆由臨安府支付。回程時，搬運行李的挑夫，亦由臨安府負責招募，如書載：

> （紹興二十五年十一月）二十八日，客省言：「占城進奉人回程，其沿路差破遞馬、宿泊飲食等，並乞依引伴來程體例施行。所有擔擎人，乞據合用人數，令臨安府應副起發，前路逐州交替，經由州軍委巡尉防護出界。及依已降（指）揮，令押伴所於未起發已轉牒經

〔註144〕 楊竹旺，《南宋都城臨安府行政管理制度》，浙江大學碩士論文，2014 年，頁68～71。

〔註145〕 《宋會要》職官 36 之 43，〈主管往來國信所〉，冊 7，頁 3911。

〔註146〕 《宋會要》職官 35 之 16，〈四方館〉，冊 7，頁 3881。

〔註147〕 除遼、金以外諸蕃，皆入住懷遠驛，見《宋會要》方域 10 之 13～14，〈驛傳雜錄〉，冊 16，頁 9469。南宋的懷遠驛，先以法慧寺暫充，後該館舍賜予臺諫官為廨舍，取以馬軍司教場改建，然館舍狹隘，又以貢院改建，見《宋會要》方域 10 之 16，〈驛傳雜錄〉，冊 16，頁 9471。

由州軍，預行差人界首祗備交替。」從之。〔註148〕

除了押伴人員外的出差人員，均只到轄境邊界，由途經地界的州軍巡檢、縣尉派員交接，這與使團經過州軍的職責並無二致。

（2）排辦的開支

使節團、出差、護衛人員的食衣住行，全部由臨安府支出，金以外的使團開支以金為準折半，〔註149〕所需物資從城內行鋪採辦，據《宋會要》載：

> （紹興三十年）三月二日，知臨安府錢端禮言：「本府排辦國信，多緣闕乏錢物，臨期於行鋪收買物色，過期則不支價錢，致使行戶失業。自紹興二十八年以後，未還鋪戶國信等買物錢二萬九千四百八十餘貫，若更歲月漸久，人戶無緣請領。照應本府（緣）去年揀汰將兵，見今按月將揀汰人料錢并折糧米錢四千五百餘貫赴左藏庫送納，欲望自三月以後，將欠鋪戶錢數截撥上件寘名，盡數當官支還。」從之。〔註150〕

由於臨安府資金短缺，常常積欠錢物，拖延日久，嚴重影響到行鋪經營，而臨安府僅能截留揀汰將兵、節省開支後送納左藏庫的費用，以支付拖欠行鋪的貨款。另一例，亦見《宋會要》：

> （紹興十八年）五日，詔：「大金使人到闕，今後應臨安府排辦御筵及觀（潮）冷泉亭飲食，並要造作如法供應。仍令本府差慣熟人兵，依赤岸例托引。如稍有減裂不前，仍令國信所奏劾。」〔註151〕

臨安府除供應飲食、排辦觀潮活動，還差軍兵前往充當護衛，由國信所督察。

4. 設立專門排辦外交事務的單位

由於事權下移之故，南宋臨安府與北宋開封府的組織有所不同，其中之一為設置專門排辦外交事務的單位和工作人員，這些單位分別為大禮局、國信司、排辦司，遇到外交使節進奉入館時，與國信所或四方館等單位共同管幹。〔註152〕

〔註148〕《宋會要》職官 35 之 17，〈四方館〉，冊 7，頁 3882。
〔註149〕《宋會要》蕃夷 4 之 80，〈占城〉，冊 16，頁 9817。
〔註150〕《宋會要》職官 36 之 53～54，〈主管往來國信所〉，冊 7，頁 3917。
〔註151〕《宋會要》職官 36 之 45～46，〈主管往來國信所〉，冊 7，頁 3913。
〔註152〕《宋會要》職官 35 之 15，〈四方館〉，冊 7，頁 3881：「占城進奉人到闕，在驛主管諸司官就差監驛官與臨安府排辦官共同管幹。」吳曉萍，〈兩宋京府的外交職能〉，《安徽師範大學學報·人文社會科學版》，38 卷第 1 期，2011年，頁 36。

二、宮殿、家廟、賜第及中央政府衙署選地、規劃和修建

建炎南渡，諸事草創，中央政府的衙署亦有省併，其中涉及土木工匠之政、京都繕修，涵括宮室、城郭、橋樑、舟車等營造，原為將作監的工作，併入工部，紹興三年（1133）重設將作監，兼總少府之事。〔註153〕宋高宗在應天府即位，輾轉於揚州、建康府、臨安府、越州，較有規模的行宮修造記錄，分別在揚州、建康府、臨安府，紹興八年（1138）定都臨安，以原杭州州治府衙為基礎擴建皇城，〔註154〕終宋高宗在位，皇城僅有小規模的改築，孝宗以後逐步擴建增築，方才有今日考古發掘之規模；〔註155〕中央機構的中樞——三省、樞密院等機構，則因空間變化和制度變遷，移至皇城外，座落於皇城北方的同一院落內，部分機構則多次遷徙，如太府寺、司農寺，大理寺則座落於附郭的仁和縣境內，與北宋的皇城、中央機構配置方式大不相同，〔註156〕百官廨宇的籍定由臨安府負責；〔註157〕家廟是家人與祖先交流的場所與渠道，也是家族發生諸多事物的見證者，家廟制度也是在宋代確立，立家廟是官員地位的象徵，是國家禮法的重要組成部分，南宋皇后的家廟即是一例，不過這種身份象徵亦在宋朝逐漸弱化，庶民仿效士大夫建立自己的家

〔註153〕《宋史》卷165，志118，〈將作監〉，頁3918～3919。

〔註154〕（日）高橋弘臣，〈南宋臨安における宮城の建設・整備と史料〉，《資料學の方法を探る》18号，2019年，頁76～84；同前著，〈南宋臨安における宮城の建設〉，《愛媛大学法文学部論集・人文学科編》48号，2020年，頁33～54。

〔註155〕《咸淳臨安志》卷1，〈宮闕一・大內〉，15a～15b，頁28；（宋）李心傳，《雜記》甲集卷2，〈今大內壽慈宮・太學・三省・臨安府〉，頁77～78；相關研究，見張勁，《兩宋開封臨安皇城宮苑研究》，暨南大學博士論文，2004年，頁73～77；（日）梅原郁，〈南宋の臨安〉，收於氏編《中国近世の都市と文化》（京都：同朋社，昭和59年），頁6～9；（日）高橋弘臣，〈南宋の国都臨安の建設〉，《宋代史研究会研究報告：宋代の長江流域——社会経済史の視点から》（東京：汲古書院，2006年），第8集，頁175～180；陳易、韓冰焱，〈南宋皇城遺址研究〉，《杭州文博》，2017年第2期，頁72～87。

〔註156〕唐俊傑，〈南宋臨安城の制度と特徴〉，《平泉文化研究センター年報》第4号，2016年，頁79～89；朱溢，〈南宋三省與臨安的城市空間〉，《復旦學報・社會科學版》，2017年第3期，頁17～27；朱溢，〈南宋臨安城內寺監安置探析〉，《浙江大學學報・人文社會科學版》，47卷第5期，2017年，頁140～153；（日）高橋弘臣，〈南宋の国都臨安の建設〉，《宋代史研究会研究報告：宋代の長江流域——社会経済史の視点から》，第8集，頁184～187。

〔註157〕《宋會要》方域4之21，〈官廨〉，冊15，頁9339～9340。

廟，逐漸普及化。〔註158〕以上設施的選地、拆遷、修築，原為將作監之業務，遂移交由臨安府、浙漕承辦，〔註159〕或進奉資金給修內司，以為養護之用，原屬將作監的「修造司」轉隸臨安府。〔註160〕以下將逐項論述。（關於南宋臨安城內空間形態變遷，請參照本章末圖3-1、3-2）

1. 皇城的整備

南宋初期，首次出現臨安皇城整備的敘述，是在紹興元年（1131），高宗準備從越州返回臨安前，命令徐康國和內侍楊公弼先行前往措置，據載：

> 紹興元年十一月六日，三省言：「徐康國權知臨安府，措置移蹕事務，令具到行在百司局所。」詔宜措置，隨宜辦截，不得搔擾，仍（其）【具】已辦截處所畫圖申尚書省。
>
> 八日，詔：「已降指揮，移蹕臨安，可差內侍楊公弼前去，與徐康國同措置辦截行宮，務要簡省，更不得華飾。」〔註161〕

徐康國原為兩浙運副，〔註162〕由上述文字可知，因高宗準備移蹕臨安之故而兼知臨安府，先行規劃、修築行宮，與他一起籌劃者為內侍楊公弼，在籌劃過程中有所爭執，爭執點在行宮規模上：

> （紹興元年十一月）十二日，都省言：「徐康國欲添造共百餘間，楊公弼欲造三百餘間，比之康國數多二百，竊慮難以趁辦。」詔依徐康國措置。
>
> 十九日，宰臣奏辦截行宮文字，上曰：「面飭楊公弼，止令草創，僅蔽風雨足矣。椽楹未暇丹雘，亦無害，或用土朱亦（可）。」
>
> 十二月十四日，宰臣進呈臨安府有司欲就移近城僧舍以造行宮，上曰：「僧家緣化營葺不易，遽俾毀拆，慮致怨嗟。朕正欲召和氣，豈

〔註158〕楊建宏，《宋代禮制與基層社會控制研究》，四川大學博士論文，2006年，頁236～249；劉雅萍，〈宋代家廟制度考略〉，《蘭州大學學報‧社會科學版》，37卷第1期，2009年，頁62～68；洪銘聰，〈唐、宋家廟制度研究回顧與展望（1988～2009）〉，《新北大史學》第9期，2011年，頁22～25；洪銘聰，〈南宋皇后家廟制的發展〉，《臺灣師大歷史學報》50期，2013年，頁69～78。

〔註159〕《宋史》卷165，志118，〈將作監〉，頁3920。

〔註160〕修造司原屬將作監，見《宋會要》職官30之16，〈提點修造司〉，冊6，頁3798；轉隸臨安府，見《宋史》卷166，志119，〈臨安府〉，頁3944。

〔註161〕《宋會要》方域2之9，〈行在所臨安府〉，冊15，頁9286。

〔註162〕《要錄》卷49，紹興元年十一月戊戌條，頁1021。

宜如此？但給官錢，隨宜修蓋，能蔽風雨足矣。」〔註163〕

徐康國欲增築百間，楊公弼欲增築三百餘間，時間上來不及，且國難方興，朝野內外忌奢華，高宗特別當面告誡內侍楊公弼務要儉樸，而後臨安府欲挪用僧舍以充行宮，也為高宗駁回。由此可知，南宋初以原杭州州治為基礎修築的皇城規模不大，裝飾亦簡單、克難，而臨安府府治則遷往奉國尼寺故基，迄宋亡、歷元、明、清未改。〔註164〕為方便讀者瞭解臨安府協助修造皇城宮殿、大內城牆的情況，茲列表3-6如下：

表3-6：臨安府修造皇城、宮殿表

皇　帝	時　間	修造記錄	史料來源
宋高宗	紹興元年（1131）十一月	兩浙運副徐康國權兼知臨安府，同內侍楊公弼措置臨安行宮。	《宋會要》方域2之9，〈行在所臨安府〉，冊15，頁9286。
	紹興三年（1133）正月十六日	以天雨泥濘，妨礙百官通行，命知臨安府梁汝嘉增築南門內廊廡。	《宋會要》方域2之11，〈行在所臨安府〉，〈行在所臨安府〉，冊15，頁9287。
	紹興九年（1139）	為奉養韋太后，命修內司修築慈寧宮，由臨安府提供工料。	《宋會要》方域2之15，冊15，〈行在所臨安府〉，頁9289。
	紹興十二年（1142）十一月十二日	修內司同臨安府，將射殿、南廊殿門改建為崇政殿，皇城司近北一帶改建為垂拱殿。	《宋會要》方域2之16，冊15，〈行在所臨安府〉，頁9290。
	紹興十三年（1143）八月二十五日	由臨安府措置，增築皇城外朝路圍牆。	《宋會要》方域2之17～18，〈行在所臨安府〉，冊15，頁9291。
	紹興十五年（1145）八月二十八日	修內司、臨安府共同修造神御殿。	《宋會要》方域2之18，〈行在所臨安府〉，冊15，頁9291。
	紹興二十四年（1154）九月二十五日	修內司、臨安府共同修蓋天章諸閣。	《宋會要》方域2之19，冊15，〈行在所臨安府〉，頁9292。

〔註163〕《宋會要》方域2之9，〈行在所臨安府〉，冊15，頁9286。
〔註164〕《乾道臨安志》卷2，〈廨舍〉，8b，冊4，頁3224；杜正賢，〈杭州南宋臨安府衙署遺址〉，《文物》，2002年第10期，頁42。

	紹興二十八年（1158）六月三日、七月二日	由臨安知府張俣負責計度工料、收購私地，拓展皇城範圍。	《宋會要》方域2之17～20～21，冊15，〈行在所臨安府〉，頁9292～9293。
宋孝宗	乾道九年（1173）閏正月九日	權工部侍郎兼臨安府少尹莫濛，奉旨與工部、修內司改建後殿門	《宋會要》職官30之5，冊6，〈提舉修內司〉，頁3793。
	乾道九年十二月二十一日	臨安知府沈度奉命修復雨損皇城牆壁。	《宋會要》方域2之22，冊15，〈行在所臨安府〉，頁9293。
	淳熙二年（1175）十一月二十八日	由殿前司、修內司、兩浙轉運司、臨安府共同修建射殿殿門、隔門，皇太子宮門。	《宋會要》方域2之23，冊15，〈行在所臨安府〉，頁9293～9294。
	淳熙三年（1176）八月十六日	臨安府、修內司修蓋垂拱殿。	《宋會要》方域2之23，冊15，〈行在所臨安府〉，頁9294。
	淳熙六年（1179）四月二十四日	臨安知府吳淵修造後殿。	《宋會要》方域2之23，冊15，〈行在所臨安府〉，頁9294。
	淳熙九年（1182）三月二十四日	知府趙磻老拆蓋後殿。	《宋會要》方域2之23，冊15，〈行在所臨安府〉，頁9294。

　　以上共 13 條資料，為臨安府參與修建或改建皇城內宮殿，其中 7 件集中在高宗紹興年間，6 件在孝宗乾道、淳熙年間，不過較大規模的增建、改建，為孝宗時期增蓋射殿、垂拱殿、後殿。以紹興十二年（1142）修蓋垂拱殿為例，據《宋會要》載：

　　（紹興十二年）十一月十二日，提舉修內司承受提轄王晉錫言：「依已降指揮，同臨安府將射殿修蓋兩廊，并南廊殿門作崇政殿，遇朔望權安置幕帳門作文德、紫宸殿，及將皇城司近北一帶相度修蓋垂拱殿。今具撥移諸司屋宇共二百四十七間，乞依畫到圖本修建。」從之。[註165]

由上文可知修蓋宮殿是臨安府與修內司共同營建，其中提到「圖本」，宋朝的官方建築施工指南書《營造法式》為將作監修成，考慮到原屬將作監的「修

――――――――――――――

[註165]《宋會要》方域2之16，冊15，〈行在所臨安府〉，頁9290。

造司」已改隸臨安府，而將作監在該年增置監、少監，但大部分的業務不是劃歸臨安府，就是文思院，改隸工部，〔註166〕故設計圖應為臨安府提供，將作監監督是否合乎規範、審計所需物料，事畢則罷，乾道七年（1171）重置時，〔註167〕已為「儲才之地」。另一例同見《宋會要》：

> （紹興）二十八年六月三日，詔：「皇城東南一帶未有外城，可令臨安府計度工料，候農隙日修築。具合用錢數申尚書省，於御前支降。今來所展地步不多，除官屋外，如有民間屋宇，令張俁措置優恤。」
> 七月二日，殿前都指揮使楊存中言：「降下展城圖子，令臣相度。臣看詳所展城離隔牆五丈，街路止闊三丈，只是通得朝馬路。今乞更展八丈，通一十三丈，以五丈作街路，六丈令民居。將來聖駕親郊，由候潮門經從所展街路，直抵郊臺，極為快便。展八丈地步，十之九是本司營寨、教場，其餘是居民零碎小屋，若築城畢工，即修蓋屋宇，依舊給還民戶居住，委實利便。」詔依，差戶部郎官楊倓同知臨安府張俁計料修築。張俁、楊倓言：「今相視合修築五百四十一丈，計三十餘萬工，用塼一千餘萬片，礦灰二十萬秤。監修、壕寨、監作、收支錢米物料、部役等官，並於殿前司差撥外，所有計置般運物料、受給官等，乞從臣等選差。日支工食錢，監修官欲（置）【支】一貫二伯文，壕寨官一貫文，監（修）【作】、收支錢米、部役、計置般運物料、受給官八伯文，作家六伯文，諸作作頭、壕寨五伯文，米二勝半，工匠三伯五十文，砍手三百文，雜役軍兵二伯五十文，各米二勝半，行遣人吏、手分各三百文，貼司各二百文。已上並自興工日支，畢工日住。其興工、畢工、壘砌每及二百丈，乞從臣等參酌（搞）【犒】設。今來所展城闊一十三丈，內二丈充城基，中間五丈充御路，兩壁各三丈充民居。所展民屋六丈，基址內有可以就便居住之家，更不拆移。所有合拆移之家，如自己屋地，今已踏逐側近修江司紅亭子等處空閑官地四十餘丈，許令人戶就便撥還。內和賃房廊舍，候將來蓋造，卻依元間數撥賃。其新城內外不礙道路屋宇，依舊存留。竊慮小人妄說，於標竿外拆移人家，扇惑居民，合行約束。所有拆移般家錢，除官司房廊止支賃錢戶外，

〔註166〕《宋史》卷165，志118，〈將作監〉，頁3919～3920。
〔註167〕《宋史》卷34，本紀34，〈孝宗二〉，頁651。

> 百姓自己屋地每間支錢一十貫文，賃戶每間五貫文，業主五貫文。
> 除已出榜曉諭，候見實數支給。」從之。〔註168〕

戶部與臨安府共同估價，內帑出資，臨安府提供物料、覓地、協調拆遷民居、完工後的犒設，殿前司提供勞力；而宋孝宗在位期間頻繁修蓋宮殿，可能與用劣質建料導致宮殿迅速頹壞有關，據周必大奏議載：

> 臣竊見近歲營造往往委臨安府、轉運司，例皆苟簡趣辦，閱時未幾，
> 即復繕修衹。如景靈宮，歲歲換柱，每次所費不下數千緡，蓋抽換
> 之時，率用濕木，塗以丹漆，夾以牆壁，纔及數月，又已損爛，近
> 修兩學復如此。官吏只欲速成，冀目前之賞，豈暇計慮久遠？且以
> 邦財民力為念哉！臣愚欲望聖慈嚴賜戒飭，凡遇修宗廟等處，須用
> 乾壯材植，若年歲間依前損壞，即推究原修官吏，重行責罰，其他
> 土木之工，有可節者節之，謂如封樁錢物，雖少屋宇，而左藏東西
> 庫大段有空閒去處，若就用盛貯，別差專庫看守，却令提領官掌其
> 扃鑰，遇有收支，躬親啟閉，戶部何由敢有移用？自不必令漕司踏
> 逐地步，枉費十餘萬緡，造屋五百間，拆移太府寺，其為利害，若
> 白黑之易見，仰惟陛下躬儉出於天性，此事偶有未知，知則必為裁
> 制，此臣所以不避妄言之罪，期效涓埃之補也。取進止。重行責罰而
> 下三省貼去進呈七月日，奉聖旨依。〔註169〕

本篇周必大的奏議是在淳熙四年（1177）上奏，文中提及臨安府、浙漕承辦官員草率速成以冀賞的心態，以及利用現有空間作為封樁庫，可以免去造「蚊子館」，又耗時、耗力、耗錢的遷徙其他官司；在乾道末至淳熙年間修建、抽換宮殿材料的過程中，根據《咸淳臨安志・古今郡守表》可知多位任內有參與工程的工部長貳兼任知府，〔註170〕這與工部負責宮室營繕規劃有關。〔註171〕光宗、寧宗以後情形，修造宮殿史料較少，據晚宋時人俞文豹的記載：

> 中興初，凡宮禁營繕，皆浙漕與天府共為之。紹興末，漕臣趙子潚
> 奏以其事歸修內司，本司歲輸二十萬，其後節次至六十萬。及嘉熙、

〔註168〕《宋會要》方域2之20～21，冊15，〈行在所臨安府〉，頁9292～9293。

〔註169〕（宋）周必大，《廬陵周益國文忠公集》卷140，〈乞裁減土木之費〉，5a～6b，收於《宋集珍本叢刊》，冊52，頁430。

〔註170〕如莫濛、趙磻老、吳淵等，見《咸淳臨安志》卷48，秩官6，〈古今郡守表〉，3a～6b，頁461～462。

〔註171〕《宋史》卷163，志116，〈工部〉，頁3862。

> 淳祐間，曾穎秀、趙崇賀、魏峻相繼領漕事，前後效尤，倍獻其數，
> 遂至一百六十萬，而修內司又逐時於左帑關撥，數尤不少。又不時
> 行下天府，以某殿當修，某柱當換，京尹則照例進奉三十萬或四十
> 萬，年終以文歷（曆）赴比部驅磨，不過斧斤鍬钁等若干爾，一孔
> 一粒竝不登載。〔註172〕

據該文瞭解，俞文豹認為修建、維護皇城宮殿的工作，在紹興末已回歸修內司，浙漕、臨安府僅捐助經費，〔註173〕且宋理宗嘉熙、淳祐以後，修內司造假帳的情形頗嚴重，屢次以修繕宮殿為由向臨安府請求資助，比部審計時卻以購買工具的名目上報。然而如前所列表，臨安府和浙漕在高宗紹興以後、孝宗乾、淳時期，仍承擔經費以外的工作，因此孝宗以後的皇城宮殿修建、維護，是否如俞文豹轉述趙子瀟的奏議，全由修內司承擔，是值得懷疑的；修內司造假帳挪用的經費流向何處，亦值得探討，也許是因內藏匱乏，〔註174〕找藉口向臨安府、浙漕周轉。

2. 中央政府衙署

除前述皇城宮殿建築，南宋臨安城內的中央官署，大部分也是在紹興年間陸續建成，王象之有大略的描述：

> （紹興）十二年，和議成，乃作太社太稷、皇后廟、都亭驛、太學。
> 十三年，築圜丘、景靈宮、高禖壇、祕書省。十五年，作內中神御
> 殿。十六年，廣太廟，建武學。十七年，作玉津園、太一宮、萬壽
> 觀。十八年，築九宮貴神壇。十九年，建太廟齋殿。二十年，作玉
> 牒所。二十二年，作左藏庫南省倉。二十五年，建執政府。二十六
> 年，築兩相第、太醫局。二十七年，建尚書六部、大閱所。凡定都
> 二十年，而郊廟宮省始備焉。〔註175〕

由上述所記，達成和議後，首先修蓋的是皇城宮殿、祭壇、皇后廟、太學、祕

〔註172〕（宋）俞文豹，《吹劍錄外集》18a～18b，頁1251～1252。

〔註173〕高宗紹興中，臨安府曾承擔修內司匠人生活錢三千貫，見《宋會要》職官30之2～3，〈提舉修內司〉，冊6，頁3792；紹興末，臨安府歲供修內司的經費是三萬六千貫，見《宋史》卷31，本紀31，〈高宗八〉，頁591。

〔註174〕宋理宗晚年嗜欲頗深，宮廷開支遽增，來自倡優傀儡、飲宴無數、增額命婦等宮廷人員，造御舟亭閣，見《錢塘遺事》卷5，〈理宗政跡〉，頁155～156。

〔註175〕（宋）王象之，《輿地記勝》（上海：上海古籍出版社，1997年），卷1，〈行在所〉，收於《續修四庫全書》，冊584，頁～12，李心傳《雜記》所載敘述相同，見《雜記》甲集卷2，〈渡江後郊廟宮省〉，頁74。

書省，執政府、相府乃至於三省六部的官署，均排到相當後面才興建。

（1）三省六部、樞密院

三省六部、樞密院官署係沿用顯寧寺舊址，[註176]紹興二十七年（1157），由臨安府進行擴建，將六部納入三省院落中。[註177]

六部架閣庫屋，淳熙六年（1179）由臨安府修建。[註178]

（2）諸寺、監

南宋的寺監制度大體因襲北宋，而有所省併。南宋建炎三年（1129），因戰亂之故，高宗將寺監進行大規模省罷、省併，紹興元年後逐步復置，[註179]其中部分寺監，因事務閒散而不再復置，[註180]僅有太常、宗正、大理、司農、太府寺，國子、將作、軍器監長期存在。[註181]

A. 太常寺

太常寺是諸寺之首，建炎時期少數沒有省併的寺監之一，在臨安城置司也未經歷大範圍遷徙，《乾道臨安志》記位在天井巷，[註182]《咸淳臨安志》記在羅漢洞，[註183]實則為同一位置，[註184]據樓鑰〈重修太常寺記〉所載：

> 高宗嗣歷，庶事草創，而卿列不以一日廢。迨駐蹕錢塘，以法惠僧
> 寺東偏隙地為敕令所，又街之東則為容臺，尚不足以盡設禮樂之器，
> 遇閱習，則列宮架于法惠寺中。紹興三十一年，少卿王公普始請易

〔註176〕（宋）李心傳，《雜記》甲集卷2，〈今大內壽慈宮・太學・三省・臨安府〉，頁78。

〔註177〕六部擴建，是挪用官告院的土地，還特地將官告院暫時移司望山橋，待擴建完畢再移回六部，見《宋會要》方域2之20，〈行在所臨安府〉，冊15，頁9292。《輿地紀勝》稱為「建」，見該書卷1，〈行在所〉，冊584，頁16。

〔註178〕《宋會要》方域4之20〈官廨〉，冊15，頁9339。

〔註179〕（宋）李心傳，《要錄》卷22，建炎三年四月庚申條，頁552。

〔註180〕朱瑞熙，《中國政治制度通史・宋代》（北京：人民出版社，1996年），第6卷，頁247、253；兩宋之際的程俱亦提及衛尉、太僕、鴻臚寺，少府監事務清簡，見（宋）程俱，《北山集》（臺北：臺灣商務印書館，民國72年），卷35，〈省官奉聖旨令都司勘當以聞〉，6a～6b，收於《文淵閣四庫全書》，冊1130，頁345。

〔註181〕朱溢，〈南宋臨安城內寺監安置探析〉，《浙江大學學報・人文社會科學版》，47卷第5期，2017年，頁141。

〔註182〕《乾道臨安志》卷1，〈行在所・寺監〉，8a，頁3218

〔註183〕《咸淳臨安志》卷6，〈行在所錄・太常寺〉，1a，頁76。

〔註184〕朱溢，〈南宋臨安城內寺監安置探析〉，《浙江大學學報・人文社會科學版》，47卷第5期，2017年，頁143。

地，會敕局中廢，遂遷焉。中為寅清堂，耽耽夏屋于是為稱。法惠
既廢為懷遠驛，又以為臺諫官舍，敕局再建于寺之舊處，而容臺不
移，于今五十年矣，梁棟墮圮，日有覆壓之虞。卿少久闕，嘉定二
年，崇慶張君鈞為主簿，已歎其不可居，既丞冑監，又轉而丞于此。
時司農、太府俱舍舊以趨新，或謂亦可遷矣。君曰：「此禮樂之司，
庭宇宏敞，位置崇嚴，不應輕棄。翘盜泉勝母，古人所避，不若因
而增葺之。」請于朝，度材于天邑，凡而叢費取其贊，而親出納之，
都下之煩末，吏曹之謾欺，一切痛革之。手賦工直，察其勤惰，惰
者至執扑以捊，勤者或醴酒以勞，百堵皆興，衆役競勸，始于三年
之仲冬，明年三月八日告畢，用工三千五百有奇。〔註185〕

本文中的「容臺」所指即是太常寺；「天邑」即臨安府。高宗駐蹕臨安後，太
常寺先是位在法惠寺、敕令所東，敕令所罷廢後，移至原敕令所置司處，與
之後重建於法惠寺的敕令所比鄰，從此不再遷徙。初期興造，未見史料記載
過程，然根據上文，可知翻修過程，先上奏，由臨安府出錢、出資材，太常丞
張鈞親自出納、監工，於宋寧宗嘉定四年（1211）完工。合理推測，當初興建
時，應同是臨安府或浙漕出資、材而成。

B. 大理寺

大理寺在紹興二十年（1150）完成搬遷，〔註186〕在遷址之前，寺內宿舍
僅容得下正、副長官及右丞居住其中；遷徙至仁和縣治以西後，右治獄系統
的都轄使臣、左右推司等官吏及其家屬也能在此生活，乾道七年（1171）以
後，又陸續創建大理評事、司直、主簿等官廨，〔註187〕其中除乾道九年（1173）
斷刑官宿舍為大理寺自行創建，〔註188〕包含大理寺衙署在內，其他官廨皆為
臨安府修蓋。〔註189〕此外，紹興三年（1133）以前，大理寺的手分、獄子亦

〔註185〕（宋）樓鑰，《攻媿集》（臺北：新文豐出版公司，民國74年），卷54，〈重
　　　　修太常寺記〉，收於《叢書集成新編》，冊64，頁317。
〔註186〕《宋會要》職官24之22，〈大理寺〉，冊6，頁3668。
〔註187〕朱溢，〈南宋臨安城內寺監安置探析〉，《浙江大學學報‧人文社會科學版》，
　　　　47卷第5期，2017年，頁145。
〔註188〕《宋會要》方域4之20，〈官廨〉，冊15，頁9339。
〔註189〕大理寺擇地、修蓋，見《宋會要》職官24之22，〈大理寺〉，冊6，頁3668；
　　　　修蓋大理評事、治獄正、丞宿舍，見《宋會要》方域4之20，〈官廨〉，冊
　　　　15，頁9339；司直、寺簿宿舍，見《宋會要》方域4之20～21，〈官廨〉，
　　　　冊15，頁9339。

由臨安府內抽差。〔註190〕

C. 宗正寺、玉牒所

　　玉牒所幾經波折，最後在紹興二十九年（1159）併入宗正寺，〔註191〕在併入之前，其與宗正寺即共用衙署。〔註192〕由於史料不足，紹興二十年（1150）以前的玉牒所資料，僅見紹興十二年（1142）吏部曾請求由臨安府擴建宗正寺，或另擇地興建新衙署；〔註193〕紹興二十年，經玉牒所檢討官王曮奏請，臨安知府宋貺以舊車輅院地新建。〔註194〕然根據《咸淳臨安志》、《夢粱錄》所記，宋末時玉牒所仍存在，未知何時復置，衙署位置在太廟南側。〔註195〕

D. 大宗正司

　　大宗正司初到臨安府置司，是在紹興三年（1133），借用同文館和明慶寺廊屋，待睦親宅修建成才遷入。〔註196〕睦親宅的修建，由臨安府「相度檢計，申尚書省」；〔註197〕紹興十七年（1147）九月，知大宗正事趙士㒟請求經由臨安府擇地移司、就地擴建或改建，高宗將此事交由臨安府措置；〔註198〕此後大宗正司又多次遷徙，〔註199〕最終置司於天慶坊。〔註200〕此外，自南宋初期以來一再上奏陳請，卻也一再破局的宗學，亦在寧宗嘉定七年（1214）時由臨安府擇地興建，費用來自封樁庫撥款之三千貫。〔註201〕由於大宗正司是皇室單位，經費由內帑提撥。

〔註190〕《宋會要》職官24之17，〈大理寺〉，冊6，頁3665。

〔註191〕《宋會要》職官20之59，〈修玉牒官〉，冊6，頁3600。

〔註192〕《咸淳臨安志》卷6，〈行在所錄・玉牒所宗正寺〉，5a，頁78。

〔註193〕《宋會要》職官20之58，〈修玉牒官〉，冊6，頁3599。

〔註194〕《宋會要》職官20之5，〈修玉牒官〉，冊6，頁3595；《咸淳臨安志》卷6，〈行在所錄・玉牒所宗正寺〉，4b，頁77。

〔註195〕《咸淳臨安志》卷6，〈行在所錄・玉牒所宗正寺〉，4a～4b，頁77；《夢粱錄》卷9，〈諸寺〉，頁144。

〔註196〕《宋會要》職官20之23，〈大宗正司〉，冊6，頁3576。

〔註197〕《宋會要》帝系6之8，〈宗室雜錄三〉，冊1，頁144。

〔註198〕《宋會要》職官20之27～28，〈大宗正司〉，冊6，頁3578。

〔註199〕朱溢，〈南宋臨安城內寺監安置探析〉，《浙江大學學報・人文社會科學版》，47卷第5期，2017年，頁144。

〔註200〕《咸淳臨安志》卷8，〈行在所錄・大宗正司〉，3b，頁99。

〔註201〕《宋會要》崇儒1之15，〈宗學〉，冊5，頁2735。相關研究，參見（美）賈志揚，《天潢貴冑：宋代宗室史》，頁162～167；何兆泉，《兩宋宗室研究——以制度考察為中心》，頁177～187；宋晞，〈宋代的宗學〉，收於《宋史研究集》（臺北：中華叢書編審委員會，民國66年），第9輯，頁393～416。

E. 太府寺

太府寺是南宋諸寺監中遷徙次數最多的機構。乾道五年（1169）時，據《乾道臨安志》載，位於通江橋以東，〔註202〕淳熙四年（1177）為挪出位置給左藏封樁庫，移司於和劑局西醋庫，由臨安府修蓋；〔註203〕嘉定至紹定年間，太府、司農寺、軍器、將作監因歲久頹毀，經黃犖建議遷徙至韓侂冑故園，又遷徙和劑局於太府寺隔壁，〔註204〕紹定年間與司農寺、軍器監、將作監一起遷徙至保民坊內馬軍帥衙故址。〔註205〕

F. 司農寺

司農寺的置司地址歷經三徙，目前已知明確遷徙位置僅有二處記載，一是《咸淳臨安志》所記保民坊內馬軍帥衙故址，二是前引黃犖〈行狀〉的韓侂冑故園，另一次遷徙則不知從何處遷徙至何處，僅由《乾道臨安志》得知曾置司於市南坊以北。〔註206〕因史料不足之故，難以得知司農寺在遷徙過程中是否也由臨安府、浙漕提供資金、建材、建地，然在擴建省倉的過程中，是由臨安府、浙漕措置，如《宋會要》所載：

> （乾道）六年正月十四日，戶部尚書曾懷等言：「豐儲倉展套太醫局添造敖屋，已經相視可以修蓋新舊敖屋八十六座，貯米一百三十萬石，乞下兩浙漕司、臨安府疾速修蓋。」從之。先是，司農少卿莫濟言：「太醫局已罷，乞將本局屋宇撥付司農寺安頓米斛。」至是，曾懷有請，故有是命。〔註207〕

由此可知省倉的興築亦由臨安、浙漕兩司負責，兼以前述太府、太常、大理諸寺的修建亦為此兩司所承辦，姑且推斷司農寺的置司、遷徙亦為臨安府、浙漕承辦。

G. 國子監、軍器監、將作監

南宋時長期存在的監僅有國子、軍器、將作三監。軍器、將作監，乾道

〔註202〕《乾道臨安志》卷1，〈行在所·寺監〉，8b，頁3218。

〔註203〕《宋會要》職官27之33，〈太府寺〉，冊6，頁3727～3728。

〔註204〕（宋）袁燮，《絜齋集》（臺北：新文豐出版公司，民國74年），卷14，〈祕閣修撰黃公行狀〉，收於《叢書集成新編》，冊64，頁239。

〔註205〕《咸淳臨安志》卷6，〈行在所錄·太府寺〉，17b，頁84。

〔註206〕朱溢，〈南宋臨安城內寺監安置探析〉，《浙江大學學報·人文社會科學版》，47卷第5期，2017年，頁146。

〔註207〕《宋會要》食貨62之17，〈京諸倉〉，冊13，頁7558。

前後在修文坊，〔註208〕嘉定至紹定年間遷徙到御廚營前，與太府、司農寺比鄰，即在韓侂胄故園。〔註209〕由於相關史料不足，難以推斷在修建官署、移司過程是否由臨安府、浙漕承辦，但由於前述諸中央官署大多由這兩司承辦修造，故推斷相同。

國子監和太學兩司併在一起，紹興三年（1133）在臨安府置國子監，「以學生隨駕者三十六人為監生，置博士二員」，後為高宗以軍情緊急為由延後施行，〔註210〕延至紹興十二年（1142）時，先修臨安府學為太學，〔註211〕隔年以岳飛邸改建為國子監和太學，〔註212〕改建、修繕、擴建皆以臨安府承辦，〔註213〕置司位址迄宋末未改，〔註214〕太學部分經費來自臨安府貼助。〔註215〕武學在前洋街太學之東，亦由臨安府興建。〔註216〕

3. 皇后家廟

替皇后立家廟是南宋獨創的制度，雖是適度移植大臣家廟制度而來，在精神、意義上皆有所不同。家廟制度興盛於唐代，然歷經五代十國的戰亂，至北宋時欲恢復時樣式已無例可循，僅能從典籍文獻中摸索，直到北宋中期，文彥博才參考杜佑家廟舊跡，建立自己的家廟，不過，文彥博的家廟，卻無

〔註208〕《乾道臨安志》卷1，〈行在所・寺監〉，8b，頁3218；《夢梁錄》卷7，〈禁城九廟坊巷〉，頁117。

〔註209〕《咸淳臨安志》卷8，〈行在所錄・將作監、軍器監〉，1b～2a、3a，頁98～99。

〔註210〕（宋）李心傳，《要錄》卷66，紹興三年六月丁未條，頁1299。

〔註211〕《宋史》卷30，本紀30，〈高宗七〉，頁556；《宋會要》崇儒1之32，〈太學〉，冊5頁2745。

〔註212〕《宋史》卷30，本紀30，〈高宗七〉，頁558；《要錄》卷148，紹興十三年正月癸卯條，頁2792；《宋會要》崇儒1之32，〈太學〉，冊5，頁2745；《宋會要》方域2之17，〈行在所臨安府〉，冊15，頁9290。

〔註213〕《宋會要》禮16之4，〈幸太學〉，冊2，頁881；同前書崇儒1之41～42，〈太學〉，冊5，頁2752。

〔註214〕（宋）吳自牧，《夢梁錄》卷7，〈諸監〉，頁146；同前書卷15，〈學校〉，頁250；《咸淳臨安志》卷9，〈行在所錄・國子監〉，1a，頁98；同前書卷11，〈行在所錄・太學〉，6a～6b，頁122。

〔註215〕王曉以括城外民間冒占白地錢為養士費用，見《咸淳臨安志》卷11，〈行在所錄・太學〉，6b，頁122，又見《宋會要》崇儒1之34，〈太學〉，冊5，頁2746；從臨安府係省錢內貼支，見《宋會要》崇儒1之40～41，〈太學〉，冊5，頁2751。

〔註216〕《咸淳臨安志》卷11，〈行在所錄・武學〉，43b～44a，頁141；《夢梁錄》卷15，〈學校〉，頁251。

引起朝臣共鳴，在其後 65 年間未有新的家廟建立，實際上他也因流宦遷徙，帶神主牌隨行，使得建好的家廟形同虛設；直到北宋末政和三年（1113）成立「議禮局」，更進一步深入規劃家廟制度，才使得宋代有一套可行辦法，並為南宋繼承，獲得長期穩定的發展。

南宋時代，由於政府的介入，家廟制度更為流行，並且發展出三種成立模式：皇帝特別給賜、官員自行申請、後人請立先人家廟。依照禮書，家廟需位在私宅內。

南宋皇后家廟的建立和制度化，始於紹興十四年（1144）宋高宗吳皇后的家廟，其次為宋高宗生母韋太后，宋孝宗將皇后家廟制度化，該制度的特徵是家廟的主人不再是重要朝臣，而是皇后，建立此制度的目的，為宣示政權在地化（皇后歸寧地在臨安）、厚植外戚（推恩）。皇后外宅、家廟的修建，大多為浙漕、臨安府承辦。〔註217〕以下就浙漕、臨安府興建皇后家廟（外宅）列為表 3-7，以裨釐清。

表 3-7：臨安府、浙漕興建皇后家廟（外宅）表

編號	皇 帝	皇 后	時 間	資料來源	附 註
1	宋高宗	吳皇后	紹興十四年（1144）四月	《要錄》卷 151，紹興十四年四月庚寅條，頁 2855。	未見修建資料。
2	宋徽宗	韋皇后	紹興十四年（1144）十月	《宋史》卷 243，列傳 2，〈徽宗韋賢妃〉，頁 8642。	未見修建資料。
3	宋孝宗	夏皇后	乾道元年（1165）五月	《宋會要》后妃 2 之 14，〈皇后雜錄〉，冊 1，287。	由臨安府改建居廣退下宅子，以為皇后外宅。
4		謝皇后	淳熙四年（1177）四月	《中興禮書》卷 170，〈群臣家廟二〉，1a，冊 822，頁 564；《宋會要》	由浙漕、修內司共同承辦，以豐和倉內宅子改建成。

〔註217〕據《中興禮書》的記載，宋孝宗的詔令是往後皇后家廟皆由浙漕、修內司修蓋，見（宋）禮部、太常寺，《中興禮書》（上海：上海古籍出版社，2002 年），卷 169，〈群臣家廟一、二〉，2a、1a，收於《續修四庫全書》，冊 822，頁 564、《宋會要》后妃 2 之 14，〈皇后皇太后雜錄二〉，冊 1，頁 287，實際上是由臨安府、浙漕共同承辦，見《宋會要》后妃 2 之 27，〈皇后雜錄〉，冊 1，頁 299。相關研究，參見洪銘聰，〈南宋皇后家廟制的發展〉，《臺灣師大歷史學報》50 期，2013 年，頁 59～61、69～75。

				后妃 2 之 23，〈皇后雜錄〉，冊 1，頁 294。	
5		郭皇后（追贈）	淳熙十六年（1189）五月	《宋會要》后妃 2 之 24，〈皇后雜錄〉，冊 1，頁 296。	由浙漕、臨安府修蓋。
6	宋光宗	李皇后	紹熙元年（1190 十二月、二年四月	《宋會要》后妃 2 之 24、25，〈皇后雜錄〉，冊 1，頁 296、297。	由臨安府承建，有套展到韓彥直房廊，給予租戶、地主搬遷、異地重建補償金，此外僅提及依孝宗郭皇后、謝皇后例施行。
7	宋寧宗	韓皇后	慶元四年（1198）十二月	《宋會要》后妃 2 之 27，〈皇后雜錄〉，冊 1，頁 299。	由臨安府、轉運司修蓋。
8		楊皇后	慶元六年（1200）	《宋史》卷 465，列傳 224，〈楊次山傳〉，頁 13595；《宋會要》后妃 2 之 27，〈皇后雜錄〉，冊 1，頁 300。	由修內司、臨安府、轉運司承建及擴建。
9	宋理宗	謝皇后	不明	《咸淳臨安志》卷 10，〈行在所錄·諸后宅〉，6b，頁 113、《夢粱錄》卷 10，〈后戚府〉，頁 163。	《咸淳臨安志》記在後市街，《夢粱錄》記在龍祥宮側，按《咸淳臨安志·京城圖》，所示，應在同一處。此外無更進一步資料。
10	宋度宗	全皇后	咸淳三年（1267）止月	《宋史》卷 243，列傳 2，〈度宗全皇后傳〉，頁 8661。	按《咸淳臨安志·京城圖》所記位置，在崇新門內，與韋皇后宅比鄰，近孝宗郭皇后、謝皇后宅，此外無更進一步資料。

　　由上表可知，參與皇后家廟（外宅）修建工程有修內司、臨安府、浙漕，實際承辦應為後兩者，而家廟所需日常花果、旦望供養、四時祭饗等，由臨安府支錢應副，〔註218〕維修亦由臨安府負責。〔註219〕

〔註218〕《宋會要》后妃 2 之 26，〈皇后雜錄〉，冊 1，頁 298。
〔註219〕《咸淳臨安志》卷 10，〈行在所錄·諸后宅〉，5b，頁 113。

4. 其他

（1）皇太子府

宋光宗被立為皇太子時，作為其辦公、居住的東宮府第由浙漕、臨安府、修內司共同營建，據《宋會要》載：

> 乾道元年八月十二日，詔：「皇子立為皇太子，其宮室、官屬、儀物、制度，並令有司討論以聞。所有宮室，下兩浙轉運司、臨安府同修內司踏逐地段，先次彩畫制度，間架圖樣進呈訖，疾速差撥人匠，如法蓋造施行。」〔註220〕

由上文可知三個協同單位負責繪圖、擇地、規劃調集工匠，依照法制修蓋皇太子府。

（2）崇國公宅

臨安府承建修建高宗養子趙璩的賜第，據《宋會要》載：

> 紹興十四年九月二十三日，詔崇國公璩（令宅）【宅，令】知臨安府張叔獻躬親相視普安郡王宅屋宇，一體脩造，仍先畫圖聞奏。〔註221〕

知臨安府張叔獻奉詔為與宋孝宗競爭皇位的趙璩修建賜第，規格視普安郡王（孝宗）同級，同時修建，修建前先上設計圖，可知設計圖為臨安府提供。

（3）禮部貢院

位在觀橋西，〔註222〕由臨安府、轉運司建造、維護。〔註223〕

（4）祭壇

A. 社稷壇

紹興十二年（1142）三月八日，由臨安府於城內擇地修蓋社稷壇、行事官致齋所。〔註224〕

B. 郊祺壇

紹興十三年（1143）正月十五日，由禮部、太常寺討論祺壇方位制度，決

〔註220〕《宋會要》職官30之3，冊6，〈提舉修內司〉，頁3792。
〔註221〕《宋會要》方域4之25，〈第宅〉，冊15，頁9343。
〔註222〕《咸淳臨安志》卷12，〈行在所錄·貢院〉，1a，頁143；《夢粱錄》卷15，〈貢院〉，頁253。
〔註223〕《宋會要》崇儒1之46，〈太學〉，冊5，頁2757；《宋會要》職官13之13～14，〈禮部貢院〉，冊6，頁3376～3377。
〔註224〕《宋會要》方域2之16，〈行在所臨安府〉，冊15，頁9290。

定由臨安府在行宮東南城外擇地修建，並取附近寺觀為行事官齊社。〔註225〕

C. 圓壇、燎壇

紹興十三年三月十九日，由殿前司和臨安府共同修建。〔註226〕郊祀大禮所有青城、齋宮絞縛物料，皆由臨安府應辦。〔註227〕

D. 九宮貴神壇

紹興十八年（1148）六月十八日，詔臨安府於國城之東擇地修築。〔註228〕

此外，各祭壇的維護、修繕亦由臨安府負責。〔註229〕

（4）權貴攢所的修葺、祭祀

權貴包含中興以來的諸王、公主、妃嬪、保姆，如無主奉者，才由臨安府負責祭祀。〔註230〕

三、賑濟臨安細民

「細民」指得是承平時生計僅勉強餬口，遇到災荒、物價上漲甚至僅為寒冬即無力應對之人，在臨安城內 70 萬人口中，有 20 至 30 萬人需要賑濟，〔註231〕受到朝廷、府方重視。由於臨時性、緊急性的賑濟逐漸常態化，從南宋中期開始興建大型倉庫，雖分隸朝廷、府方，承辦修建者仍為臨安府，賑濟時多由朝廷或皇帝內藏出錢、從省倉撥米，委臨安府執行。以下表 3-8 改編自高橋弘臣的〈南宋臨安の倉庫〉表 1：臨安における倉庫による賑済・賑糶一覧，以裨讀者瞭解臨安府賑濟的情形。

〔註225〕《宋會要》方域 2 之 17，〈行在所臨安府〉，冊 15，頁 9290。

〔註226〕《宋會要》禮 2 之 5，〈郊祀壇殿大小次〉，冊 1，頁 517。

〔註227〕《宋會要》禮 2 之 5，〈郊祀壇殿大小次〉，冊 1，頁 517。

〔註228〕《宋會要》方域 2 之 18，〈行在所臨安府〉，冊 15，頁 9291。

〔註229〕《宋會要》禮 2 之 10，〈郊祀壇殿大小次〉，冊 1，頁 519～520。

〔註230〕《宋史全文》卷 34，理宗淳祐十二年正月甲午條，頁 2812。

〔註231〕（日）高橋弘臣，〈南宋臨安の下層民と都市行政〉，《愛媛大学法文学部論集·人文学科編》21 号，2006 年，頁 123～133。

表 3-8：臨安府賑濟表

編號	皇帝	時　間	賑恤的內容	資料來源
1	宋高宗	紹興二年（1132）八月九日	火災受害者，貧孤無法自存者，出省倉米 2 千碩（石），下臨安府賑濟。	《宋會要》食貨 59 之23，〈恤災〉，冊 12，頁 7390、食貨 68 之121，〈恤災〉，冊 13，頁 8024。
2		紹興五年（1135）十二月九日	雪寒，細民闕食，命臨安府委官措置。	《宋會要》食貨 68 之122，〈恤災〉，冊 13，頁 8025。
3		紹興六年（1136）十二月五日	臨安府遭火，戶部支米 2 千石，委臨安府差官措置。	《宋會要》食貨 68 之122，〈恤災〉，冊 13，頁 8025。
4		紹興二十九年（1159）二月二十五日	詔逐處守臣於見管常平、義倉米內取撥二分，減市價二分賑糶。內臨安府於行在椿積米內借撥。	《宋會要》食貨 59 之34〜35。
5		紹興三十年（1160）五月十八日	臨安府屬縣於潛、臨安縣山水暴漲，令臨安府委官躬親看驗、賑恤，收瘞人口，由轉運司出錢米。	《宋會要》食貨 59 之36。
6		紹興三十一年（1161）正月二十二日	雪寒，細民艱食，詔依市價減半，命臨安府設場 10 日，糶常平米。	《宋會要》食貨 59 之23、食貨 68 之 121。
7	宋孝宗	隆興元年（1163）十二月二十五日	詔臨安府常平、義倉米減價出糶。	《宋會要》食貨 62 之39。
8		隆興二年（1164）八月二十三日	臨安府米價增貴，命常平倉出米 2 萬石賑糶。	《宋會要》食貨 58 之2、59 之 40、68 之62。
9		隆興二年十二月十二日	命臨安府出常平米，委兩通判賑給饑貧之人。	《宋會要》食貨 60 之12〜13。
10		乾道元年（1165）正月二十二日	浙西水旱災，饑貧之人於臨安城內外行乞，支常平倉、義倉米賑濟。	《宋會要》食貨 60 之13。
11		乾道元年二月八日	收養乞丐，由提舉司義倉供米。	《宋會要》食貨 60 之13。
12		乾道九年（1173）閏正月十七日	雪寒，細民艱食，出左藏南庫會子 6 千貫、豐儲倉米 3 千碩付臨安府。	《宋會要》食貨 58 之12、59 之 52、68 之73。

13		淳熙七年（1180）八月十三日	因旱傷，命戶部於諸倉撥米 10 萬石，由臨安府設場低價出糶。	《宋會要》食貨68之76
14		淳熙八年（1181）九月二十七日	詔豐儲倉出米3萬石撥給臨安府及其屬縣、2萬石付嚴州及諸縣賑濟。	《宋會要》食貨68之77。
15		淳熙八年九月二十八日	臨安知府王佐請增撥省倉米3千石，賑濟城外飢民。	《宋會要》食貨68之77。
16		淳熙八年十二月十七日	行在米價稍增，於諸倉樁管米內共取撥7萬石，委臨安守臣差官置場賑糶。	《宋會要》食貨68之78
17		淳熙九年（1182）六月十八日	收瘗貧乏人，命臨安府從上供錢內支撥5千貫，分委官屬措置。	《宋會要》食貨58之15。
18		淳熙十四年（1187）正月二十二日	從封樁庫支錢10萬貫、豐儲倉米5萬石，賑濟臨安府內貧乏老病之人。	《宋會要》食貨68之85。
19		淳熙十六年（1189）六月十一日	賑濟城內外貧乏老疾之人，支封樁庫錢26萬貫。	《宋會要》食貨68之89。
20	宋光宗	紹熙二年（1191）二月六日	雪寒，豐儲倉支米5萬石，由戶部與臨安府共同措置賑濟。	《宋會要》食貨68之91。
21	宋寧宗	慶元元年（1195）正月二十六日	內藏庫支錢1萬貫，豐儲倉支米3千石，付臨安守臣徐誼，措置給養貧病之民。	《宋會要》食貨58之21、68之98。
22		慶元元年三月十三日	訪聞民間疫疾大作，內藏庫出3萬貫付臨安府，賑恤貧疾之人，收瘗貧乏無法殯葬者。	《宋會要》食貨58之22、68之100。
23		慶元五年（1199）五月十七日	支給常平錢、米，賑濟臨安府內外貧乏老病、旅店病患乏食者。	《宋會要》食貨68之101。
24		嘉泰元年（1201）七月二十一日	臨安大火，內降封樁庫會子16萬貫、豐儲倉米6萬5千餘石	《宋會要》食貨58之23。
25		開禧二年（1206）正月十一日	雪寒，出豐儲倉米5萬石，命臨安守臣賑濟城內外貧乏老疾之人。	《宋會要》食貨68之103。

26	嘉定元年（1208）二月壬子	詔臨安府賑濟流民。	《宋史全文》卷 30。
27	嘉定元年八月一日	出豐儲倉米賑濟貧民。	《宋史全文》卷 30、《備要》卷 11。
28	嘉定元年十二月十八日	封樁庫支降會子千貫、豐儲倉支撥米 2 千石，專充賑給流民之用。	《宋會要》食貨 68 之 101。
29	嘉定二年（1209）三月二十九日	訪聞都城疫疾流行，出內帑 10 萬貫，買藥、遣醫、置棺。	《宋會要》食貨 58 之 27。
30	嘉定二年四月四日	遣送流民回本貫復業，由臨安府先行墊付，後向朝廷請款，由封樁庫、豐儲倉錢、米支付。	《宋會要》食貨 68 之 104～105。
31	嘉定二年四月八日	封樁庫會子 5 千貫、豐儲倉米 3 千石，賑濟貧病乏食之人。	《宋會要》食貨 68 之 105。
32	嘉定二年十二月十四日	大雪、細民乏食，令臨安府賑濟。	《宋會要》食貨 68 之 106。
33	嘉定三年（1210）四月十一日	封樁庫出官會 2 千貫付臨安府，充支給乞丐煖堂賃錢使用。出內庫前 23 萬緡，賜行在軍民。	《宋會要》食貨 58 之 27～28。《宋史全文》卷 30。
34	嘉定三年四月十二日	取撥豐儲倉 3 千石，賑濟臨安府城內外細民、病患。	《宋會要》食貨 58 之 28。
35	嘉定三年四月十四日	出封樁庫官會 3 萬貫，付臨安府，安葬病死無力自行埋葬之細民。	《宋會要》食貨 58 之 28。
36	嘉定三年五月二十六日	久雨，出豐儲倉米賑濟貧民。	《宋史全文》卷 30、《備要》卷 12。
37	嘉定七年（1214）十月一日	久雨，出封樁庫會子 7 萬貫，下臨安府賑濟。	《宋會要》食貨 68 之 106。
38	嘉定八年（1215）五月乙酉	出米 6 萬石，賑糶臨安府貧民	《宋史全文》卷 30、《備要》卷 14。
39	嘉定十二年（1219）十二月九日	嚴寒，出豐儲倉米 2 萬石，下臨安府，差官措置。	《宋會要》食貨 68 之 108。

40		嘉定十三年（1220）四月二日	出封樁庫 1250 貫、豐儲倉米 730 石，付臨安府，兌支過見安養並收養、津發兩淮民使用。	《宋會要》食貨68之108。
41		嘉定十三年十二月七日	令封樁庫支撥會子 28116 貫、豐儲倉米 3439 石 8 斗，付臨安府，賑濟被火居民。	《宋會要》食貨58之32～33。
42		嘉定十三年十二月十五日	出封樁庫會子 6345 貫，充賑恤拆除蓬箸屋、見在浮鋪經紀買賣人。	《宋會要》食貨68之109～109。
43		嘉定十五年（1222）十二月乙亥	出米 5 萬石賑臨安府貧民。	《宋史全文》卷 30。
44	宋理宗	寶慶元年（1225）二月戊午	出豐儲倉米7萬5千石賑臨安貧民、給犒禁軍。	《宋史全文》卷 31。
45		寶慶元年四月辛亥	出豐儲倉米 8 萬石賑濟臨安貧民。	《宋史全文》卷 31。
46		寶慶三年（1127）十一月甲辰	雪寒，糴價高騰，出豐儲倉米 7 萬石，以紓民困。	《宋史全文》卷 31。
47		紹定元年（1228）正月丙申	大雪，出豐儲倉米 7 萬石，以紓民困。	《宋史全文》卷 31。
48		紹定四年（1231）九月庚寅	出封樁庫錢、豐儲倉米賑恤被火之家，蠲臨安府城內外之征一月；辛卯，復出內藏庫緡錢 20 萬，賑恤貧乏之民。	《宋史全文》32。
49		紹定四年十二月辛巳	詔出封樁庫緡錢 20 萬，下臨安府命官賑恤。	《宋史全文》卷 32。
50		紹定五年（1232）十一月辛酉	以陰雨，詔出豐儲倉米 5 萬石，以紓民食。	《宋史全文》卷 32。
51		端平三年（1236）七月癸巳	久雨，詔出端平倉米千石賑糴以平市直。	《宋史全文》卷 32。
52		嘉熙元年（1237）五月壬申	行都大火。癸酉，詔蠲臨安府城內外征一月，並議行賑贍。	《宋史全文》卷 33。
53		嘉熙元年十二月丙午	出豐儲倉米 10 萬石，賑贍臨安府貧民。	《宋史全文》卷 33。
54		嘉熙三年（1239）三月癸未	出豐儲倉米 20 萬石，賑糴臨安貧民。	《宋史全文》卷 33。

55	嘉熙四年（1240）七月甲子	出封椿庫緍錢 30 萬貫，賑臨安府貧民。	《宋史全文》卷 33。
56	淳祐三年（1244）十一月甲子	雪寒，出封椿庫 18 界會子 20 萬賑濟臨安細民。	《宋史全文》卷 33。
57	淳祐四年（1245）十一月戊午	以禱雪，出封椿庫 18 界楮幣 20 萬，賑臨安細民、犒三衙諸軍。	《宋史全文》卷 33。
58	淳祐五年（1246）七月乙巳	出封椿庫 18 界楮幣 20 萬賑臨安細民、給散三衙諸軍。	《宋史全文》卷 34。
59	淳祐六年（1247）十一月丁丑	以雪寒，出封椿庫楮幣，賑臨安細民	《宋史全文》卷 34。
60	淳祐七年（1248）十一月甲辰	出豐儲倉米 30 萬石，以平糴價。	《宋史全文》卷 34。
61	淳祐十一年（1251）十一月壬寅	隆冬凝寒，都民不易，出封椿庫 18 界官會子 20 萬貫賑之。	《宋史全文》卷 34。
62	淳祐十二年（1252）八月己巳	出封椿庫 18 界楮 40 萬，賑行在軍民。	《宋史全文》34。
63	寶祐元年（1235）十月丙午	出封椿庫褚 40 萬，賑行都軍民。	《宋史全文》卷 34。
64	寶祐三年（1255）五月丙午	以久雨，出封椿庫 18 界會 20 萬，賑三衙諸軍、臨安府民戶。	《宋史全文》卷 35。
65	寶祐四年（1256）二月庚午	以久雨，撥平糴倉米 2 萬石；庚辰，追加 2 萬石。	《宋史全文》卷 35。
66	寶祐五年（1257）六月癸卯	出封椿庫 18 界楮 20 萬，賑都民、三衙諸軍。	《宋史全文》卷 35。
67	寶祐五年九月壬子	以久雨，出封椿庫 18 界楮 20 萬，賑都民、三衙諸軍。	《宋史全文》卷 35。
68	寶祐五年十月己亥	以瑞雪應時，出封椿庫 18 界楮 20 萬，賑都民、三衙諸軍。	《宋史全文》卷 35。
69	寶祐六年（1258）九月丁卯	詔出平糴倉米 2 萬 9 千 9 百石有奇，賑糴以收弊楮。	《宋史全文》卷 35。
70	開慶元年（1259）二月壬辰	出平糴倉米 2 萬 9 千 9 百石有奇，賑都民。	《宋史全文》卷 36、《宋史》卷 44。

71		開慶元年閏十一月癸酉	雪，出封樁庫楮 20 萬，賑都民、三衙諸軍。	《宋史全文》卷 36。
72		景定二年（1261）正月庚辰	以雪寒，出封樁庫 18 界楮幣 30 萬，賑都民、三衙諸軍。	《宋史全文》卷 36。
73		景定二年五月己丑	以久雨，出豐儲倉米 5 萬石賑都民。	《宋史全文》卷 36、《宋季三朝政要》卷 3。
74		景定二年八月癸巳	以久雨，出封樁庫楮 20 萬賑三衙諸軍，發豐儲倉米石濟都民。	《宋史全文》卷 36、《宋季三朝政要》卷 3。
75		景定二年十月庚子	以水患，出封樁庫楮幣 20 萬賑三衙諸軍，豐儲倉米 5 萬石賑都民。	《宋史全文》卷 36。
76		景定二年十二月己丑	瑞雪應時，出封樁庫 18 界會子 20 萬賑都民、三衙諸軍。	《宋史全文》卷 36。
77		景定三年（1262）正月戊寅	以久雨，出封樁庫 18 界會子 20 萬賑都民、三衙諸軍。	《宋史全文》卷 36。
78		景定三年十一月辛丑	詔禱雪未應，出封樁庫 18 界楮幣 25 萬賑都民。	《宋史全文》卷 36。
79		景定三年十二月庚申	瑞雪應時，出封樁庫 18 界會子 40 萬賑都民、三衙諸軍。	《宋史全文》卷 36。
80		景定四年（1263）十二月庚午	瑞雪應時，出封樁庫 18 界會子 40 萬賑在京軍民。	《宋史全文》卷 36。
81		景定五年（1264）七月丁丑	彗出柳宿，出封樁庫 18 界會子 20 萬賑都民、三衙諸軍。	《宋史全文》卷 36。
82		景定五年十月丙寅	以理宗身體不適，詔出封樁庫錢關 20 萬賑都民、三衙諸軍。	《宋史全文》卷 36。
83	宋度宗	咸淳元年（1265）閏五月丁未	發錢二十萬贍在京小民，錢二十萬賜殿、步、馬司軍人，錢二萬三千賜宿衛。自是行慶、恤災、或遇霑兩雪寒，咸賜如上數。	《宋史》卷 46，〈度宗紀〉。
84	宋恭帝	咸淳十年（1274）七月戊子	命臨安府振（賑）贍細民。	《宋史》卷 47，〈瀛國公紀〉。

由上表可知，在宋孝宗乾道二年（1166）以前，賑濟臨安細民、災民錢、米，多由轉運司、常平倉、義倉支出；之後米多由司農寺掌管的豐儲倉支出，〔註232〕錢則由封樁庫、內藏庫支出。〔註233〕這種情形，是由於 13 世紀後，常平倉、義倉米多為官、軍挪用，相對藉由興建豐儲倉，以及之後新建的端平、淳祐諸倉，與上供米制度配合的結果，強化了朝廷糧食儲備量，以支應賑濟和官、軍俸給，待晚宋實施公田法，又再一次擴建豐儲倉，以容納公田收入。諸倉的興建，隨時間推移，管理權，也由原本的轉運司、臨安府，轉移至朝廷、戶部，形成全由中央支配的情形，〔註234〕這與中央以係省錢物、上供錢物為名侵奪地方財賦的手段如出一轍，〔註235〕不同之處在於臨安府為首都特區，中央給予的恩惠多且直接。由此得以理解，臨安的賑濟申請程序是如何進行，及其運作方式，臨安城內所有的社會保障和福利制度的運行，不像地方政府尚有當地仕紳襄助餘地，完全由朝廷或皇帝內帑所出，體現「恩自上出」的道理，〔註236〕且從理宗朝開始，賑濟範圍包含禁軍達 18 次，原本臨安城內、外文武官吏的薪俸糧料均是由中央支應，按照散官、貼職、差遣發放固定錢物，視時調漲，賑濟三衙、禁軍演變成常態的一環，眾多因素中包括了貨幣結構的變化，即是因硬幣材料的短缺、應付戰爭發行的紙幣過量、戰爭長期化導致通貨膨脹與氣候變遷極端化等因素。

四、東南會子的收兌

南宋紙幣的發行與戰爭有密切關係，紹興元年十月（1131）曾發行見錢關子，作為匯兌憑證，將運輸成本轉嫁給商人，以利籌集送往至駐紮在婺州

〔註232〕豐儲倉建於宋高宗紹興二十六年，由戶部尚書韓仲通建議下興建，見（宋）李心傳，《要錄》卷 172，紹興二十六年四月戊戌條，頁 3293、《雜記》甲集卷 17，〈豐儲倉〉，頁 389；宋孝宗乾道三年和省倉中界對調，轉移至新址並擴建，見《宋會要》食貨 62 之 16，〈京諸倉〉，冊 13，頁 7558。

〔註233〕黃純艷，《宋代財政史》（昆明：雲南大學出版社，2013 年），頁 117。

〔註234〕（日）高橋弘臣，〈南宋臨安の倉庫〉，《愛媛大学法文学部論集・人文学科編》35 号，2013 年，頁 57～92。

〔註235〕包偉民，《宋代地方財政史研究》，頁 52～80、114～118；黃純艷，《宋代財政史》，頁 259～287。

〔註236〕各種防止糧食短缺的手段都是來自政府命令，即便是勸募亦是帶有強制性的手段，相關研究見（日）高橋弘臣，〈南宋臨安的飢饉及其對策〉，收於《第三屆中國南宋史國際學術研討會論文集》，（杭州：浙江大學出版社，2017 年），頁 195～204。

的神武右軍之軍事物資；〔註237〕茶、鹽鈔則是屬於專賣經濟商品的領取票據，作為一種朝廷籌款的手段，〔註238〕例如商人用湖會兌換茶引，再至產地或臨安領取商品或再次兌換成其他票據，〔註239〕臨安城內的兌換中心為都司提領的榷貨務與隸屬太府寺的交引庫。〔註240〕上述兩者都僅算是一種兌換憑證、商業票據，可兌換實物，也可交易變現，並非不可兌換紙幣。〔註241〕

　　不可兌換的命令紙幣要到東南會子問世，「會子」原先也是一種憑證，是從民間發行的「便錢會子」演變而來，因已獲得足夠信用，朝廷才加以壟斷，將發行權收歸國有。〔註242〕東南會子的發行也與戰爭有關，紹興三十一年至隆興二年（1160～1164），宋金之間因金海陵王破壞和議而再度開戰，終以金朝發生政變、海陵王被殺、金世宗即位，宋軍反攻，卻於符離戰敗，而再度締結和議。東南會子即是為應對戰時財政，而陷入貨幣支付不足的情況下發行，宋室南渡後，控制疆域內，做為貨幣材料的「銅礦」產地減少，使得貨幣鑄造量遠不如北宋，原本僅限於臨安城內外，由民間金融業者發行的便錢式代幣，便收歸國有，由朝廷發行官方的紙質貨幣，稱為「東南會子」，由於材質為四川所產的楮紙，官、私記錄常以「楮」作為其簡稱。原為戰時財政下的貨幣政策，在戰爭結束後一度欲以銅錢、度牒、銀等物回收，裁撤印造、發行、兌換機構「行在會子務」，然銅質貨幣短缺的情形無法解決，兼以財政赤字之故，乾道年間再度恢復會子的印造、發行，此後未曾停止，是一種不可兌換的命令紙幣，在嘉定、端平時期各發生大貶值，儘管政府試圖挽救會子的購買力，因宋蒙戰爭長期化之故，會子的發行量越來越多，且廢止17、18界會子的使用期限，淳祐以後貶值情況已無法遏止，南宋末隨公田法發行之金銀見錢關子，原先的發行的目的即在取代大幅貶值的會子，

〔註237〕（宋）李心傳，《要錄》卷48，紹興元年十月壬午條，頁1012。

〔註238〕《要錄》卷6，建炎元年六月己卯條，頁183。

〔註239〕（宋）李心傳，《雜記》甲集卷16，〈湖北會子〉，頁363。

〔註240〕榷貨務由都司官提領，見《宋史》卷161，志114，〈榷貨務都茶場〉，頁3791；交引庫，見同書卷165，志118，〈太府寺〉，頁3909。

〔註241〕陳保銀，〈論宋代商業票據與紙幣之性質及功能〉，《成功大學歷史學報》25號，1999年，頁143～171。

〔註242〕劉森，〈宋代會子的起源及其演變為紙幣的過程〉，《中州學刊》，1993年第3期，頁120～122；李埏、林文勛，〈論東南會子的起源〉，《思想戰線》，1994年第1期，頁55～61；王申，〈從便錢到紙幣：論紹興時期見錢關子至東南會子的演進過程〉，《中國社會經濟史研究》，2019年第3期，頁11～19。

試圖以新的紙幣建立信用，然結果亦同。相關研究，至今已有不少學者發表專書、學位論文或期刊，在此不再贅述。〔註243〕

由於文獻史料限制，無法得知行在會子務詳細的興衰過程，目前僅知由錢端禮創立於紹興末，後隸屬都茶場，〔註244〕中經省併，復置後改隸屬権貨務，由門官兼領，紹定五年（1232）後以都司官提領，因金銀見錢關子的發行而停造會子。〔註245〕

前述行在會子務的業務範圍，包括印造、發行、兌換，其中「兌換」指的並非兌換銅錢、金銀這樣的金屬貨幣或貴金屬，而是當會子破損、該界會子到期時，將屆期的會子換成新一界的會子，只有在特殊情況下才會以度牒、香藥、銀等物回收，正常、特殊回收方式統稱為「稱（秤）提」，目的在維持幣值，〔註246〕這種「特殊情況」自宋寧宗嘉定二年（1209）以後逐漸成常態，據《宋史》載：

> 嘉定二年，以三界會子數多，稱提無策，會十一界除已收換，尚有一千三百六十萬餘貫，十二界、十三界除燒毀尚有一萬二百餘萬貫。十二界四千七百萬餘貫，十三界五千五百萬餘貫。詔封椿庫撥金一十五萬兩，兩為錢四十貫。度牒七千道，每道為錢一千貫。官告綾紙、乳香，乳香每套一貫六百文。湊成二千餘（萬），添貼臨安府官局，收易舊會，品搭入輸。十一界會子二分，十二、十三界會子各

〔註243〕 汪聖鐸，《兩宋貨幣史》，北京：社會科學文獻出版社，2003年；（日）高橋弘臣，《宋金元貨幣史研究——元朝貨幣政策之形成過程》；（韓）鄭壹教，《南宋貨幣與戰爭》，河北大學博士論文，2012年；葉曉鷹，《南宋楮幣研究》，南昌大學碩士論文，2005年；孟鑫，《南宋楮幣流通研究——對商、兵、吏等社會階層的紙幣使用考察》，河北師範大學碩士論文，2012年；蔡永源，〈宋代「會子」的產生及其流弊〉，《中興史學》第4期，民國64年，頁25～28；侯家駒，〈南宋會子制度之紊亂〉，《中華文化復興月刊》，20卷12期，民國76年，頁53～59；（日）高橋弘臣，〈南宋臨安と東南会子〉，《愛媛大学法文学部論集・人文学科編》31号，2011年，頁33～67；王申，〈論南宋前期東南會子的性質與流通狀況〉，《清華大學學報・哲學社會科學版》，2019年第3期，頁106～195。

〔註244〕 （宋）李心傳，《要錄》卷188，紹興三十一年二月丙辰條，頁3653；（宋）李心傳，《雜記》甲集卷16，〈東南會子見錢關子〉，頁361～363；《宋史》卷181，志134，〈會子〉，頁4406。

〔註245〕 《咸淳臨安志》卷9，〈行在所錄・會子庫〉，7b，頁109。

〔註246〕 如乾道二年曾一度欲廢行會子，出內藏庫、南庫銀一百萬回收會子，見《宋史》卷181，志134，〈會子〉，頁4407。

四分。以舊會之二，易新會之一。〔註247〕

這是發行會子以來首次出現大規模稱提措施，原因即是開禧北伐失敗所致，為因應戰時財政而大量發行會子，導致惡性通貨膨脹，〔註248〕端平入洛後此情況更加惡化，〔註249〕兼以偽幣橫行，〔註250〕稱提的次數和規模增加仍無濟於事。值得注意的是，在上述引文中提及「添貼臨安府官局」，據前文已知行在會子務隸屬榷貨務，由門官兼領；榷貨務隸屬於太府寺，〔註251〕此句意義頗感玩味，考量嘉定二年（1209）先後四位知府，收換期間在嘉定二年至三年之間，第一位趙師石，以朝請太夫、太府少卿兼知臨安府，〔註252〕便能理解上、下文的程序脈絡，臨安府應是處於協助榷貨務收兌會子的立場，趙師石免兼後，黃犖以浙漕暫兼知府，徐邦憲以權工部侍郎兼知臨安府，情況卻每況愈下，「時都城米價踴貴，楮幣不通，乞丐之人有群攫餅餌於傳法寺前者」，〔註253〕以臨安府的社會保障之完善，仍致使行乞之人群起強奪寺院齋會致齋的餅餌，徐邦憲顯然無法迅速提出有效策略，故被陳晦彈劾、免兼，改以趙師𡊟以兵部尚書兼知臨安府，目標明確：穩定幣值、糧價，在他短暫的任期內成功達成目標，〔註254〕由此亦可知會子的管理已脫離太府寺的職權範圍。《咸淳臨安志》所記紹定五年後以都司官管轄，當時兩界會子發行數已達 2 億 2 千 9 百餘萬，〔註255〕隔年十月，以楮幣貶值之故，命兩府設法措置，後出內帑緝錢 20 萬，令臨安府措置兌易，並裁撤銅

〔註247〕《宋史》卷 181，志 134，〈會子〉，頁 4408。《雜記》記施行於嘉定三年，見（宋）李心傳，《雜記》乙集卷 16，〈東南收兌會子〉，頁 787。

〔註248〕（宋）李心傳，《雜記》乙集卷 16，〈東南收兌會子〉，頁 787～789。

〔註249〕（韓）鄭壹教，〈端平入洛對會子的影響〉，收於《宋史研究論叢》（保定：河北大學出版社，2014 年），第 15 輯，頁 175～188；同前作者，〈南宋戰爭對貨幣依賴性的表現與結果〉，收於《宋史研究論叢》，第 23 輯，頁 101～113；包偉民，〈試論宋代紙幣的性質及其歷史地位〉，收入氏著《傳統國家與社會（960～1279 年）》（北京：商務印書館，2009 年），頁 71～72。

〔註250〕《宋史》卷 181，志 134，〈會子〉，頁 4408～4409。

〔註251〕《宋史》卷 165，志 118，〈太府寺〉，頁 3908。

〔註252〕《咸淳臨安志》卷 48，秩官 6，〈古今郡守表〉，11a～11b，頁 465。

〔註253〕《備要》卷 11，寧宗嘉定二年十一月丙辰條，頁 209，繫於徐邦憲免兼條目下；《宋史全文》卷 30，寧宗嘉定二年十月壬戌條，頁 2547。

〔註254〕關於趙師𡊟第四任臨安知府任內，穩定幣值、糧價之事，參見拙作〈趙師𡊟與臨安府〉，收於《南宋宗室與包容政治》（新北市：花木蘭文化出版社，民國 106 年），頁 135～148。

〔註255〕《宋史》卷 181，志 134，〈會子〉，頁 4408。

錢局；〔註256〕端平元年（1234）兩浙路會子又開始貶值，〔註257〕隔年四月，以都省言 16、17 界會子為數浩瀚，出封樁庫度牒、四色官資付身、紫衣師號、封贈敕告、副尉減年公據下諸路監司、州郡收兌；〔註258〕淳祐十一年（1251）以度牒千道，下臨安府易民間兩界破會。〔註259〕既然楮幣管理已移權宰執，實際執行機構亦轉移至臨安府。

除東南會子的收兌業務外，臨安府還負責銷毀收兌回來的舊會子，據〈鄭清之行狀〉載：

> 公擇才使之提領於外，歲入不啻鉅萬，住印會子者三年，京尹焚毀
> 舊會七千萬，版曹亦豐衍。〔註260〕

上述時間點推測在淳祐六至九年（1246～1249）間，除去恭維狀主的詞彙，由此段文字可知臨安知府還負責銷毀回收的舊會子。淳熙年間是會子比值較穩定的時段，透過十七界會子和十八界會子 5：1 的比值，同時也解決了臨安城內小額交易貨幣不足的情況，在此之前，是透過臨安府印造百文、五十文小額會子，解決民間小額交易時銅錢不足之問題，〔註261〕這可能是朝廷責成臨安府執行。

第三節　臨安知府兼任的其他使職

一、安撫使兼馬步軍都總管

宋朝的安撫使制度源自於唐、五代，北宋初行「強本弱末」國策，以知州代替刺史，以監司代替節度使，安撫司即為監司之一，其職權為「掌一路兵民之事」，〔註262〕發展於真、仁宗兩朝，原先目的是設置在沿邊地區如陝西、

〔註256〕《宋史全文》卷 32，理宗紹定六年十月戊子至辛卯條，頁 2679～2680。
〔註257〕《宋史全文》卷 32，理宗端平元年十一月丁未條，頁 2680。
〔註258〕《宋史全文》卷 32，理宗端平二年四月條，頁 2698。
〔註259〕《宋史全文》卷 32，理宗淳祐十一年十一月壬申條，頁 2803。
〔註260〕（宋）劉克莊，《後村先生大全集》卷 170，〈丞相忠定鄭公行狀〉，10b，收於《宋集珍本叢刊》，冊 82，頁 717。
〔註261〕臨安府印製、發行尺寸僅三指大的小面額會子，以便民間小額交易，見（宋）方大琮，《宋忠惠鐵庵方公文集》（北京：書目文獻出版社，1988 年），卷 15，〈劉郎中振孫〉，35a～35b，收於《北京圖書館古籍珍本叢刊》，冊 89，頁 488；相關研究，見王申，〈論小面額東南會子對南宋貨幣流通的影響〉，《浙江學刊》，2020 年第 5 期，頁 231～238。
〔註262〕《宋史》卷 167，志 120，〈經略安撫司〉，頁 3960。

廣西地區，對應西夏、越南等政權的軍事機構，仁宗時期逐漸推廣到河北、京西、荊湖南路等路區；兩浙路設安撫司，則是在宋徽宗宣和三年（1121）時，為平定方臘殘黨，處理東南善後事宜；〔註263〕兵權上，節制屯駐當地的不繫將禁軍、新軍、廂兵、鄉兵和蕃兵；〔註264〕財權方面，戰時狀態下可以掌管轄境錢糧，和平時期則歸轉運使，安撫司掌握的財權，乃中央撥給的度牒、鹽鈔等有價證券、銀絹、封樁錢、土地，安撫司的備邊、激賞酒庫、公使庫，還可以經營抵當、賣熟藥、回易。〔註265〕

南宋時，安撫使制度推廣至全國，〔註266〕建炎三年（1129），因對金戰爭之故，浙西安撫司移司鎮江府（今江蘇鎮江），臨安府守臣帶浙西同安撫使，〔註267〕建炎四年（1130）為求指揮統一，罷同安撫使，〔註268〕紹興五年（1135）復移安撫司於臨安府，〔註269〕自此不復再移。臨安府本為杭州、帥府，因定為行都，體例不同於一般帥府，〔註270〕因駐軍，移入人口持續增加，轄境擴張，為因應治安、消防、社會保障等需求，有必要兼安撫使，等於北宋開封府與京畿路（開封府界提點諸縣鎮公事）合併。

安撫使兼馬步軍都總管，據《宋史》載：

> 舊制，安撫總一路兵政，以知州兼充，太中大夫以上，或曾歷侍從乃得之，品卑者止稱主管某路安撫司公事。中興以後，職名稍高者出守，皆可兼使，如係二品以上，即稱安撫大使。廣東西、荊南、襄陽仍舊制加「經略」二字。凡帥府皆帶馬步軍都總管。〔註271〕

臨安府為「帥府」，故例兼馬步軍都總管，符合以文臣領軍的國策，也藉此舊制形成兵、民政合一的策略，可名正言順執行前述安撫使的兵權。

安撫司成員的構成，除主官安撫使，尚有其下由幕僚組成的「幕府」成員。宋朝對幕府成員的「資格」有限定，據《文獻通考》載：

〔註263〕《宋史》卷167，志120，〈經略安撫司〉，頁3961。

〔註264〕李昌憲，《宋代安撫使考》（濟南：齊魯書社，1997年），頁34～38。

〔註265〕《宋代安撫使考》，頁41～43。

〔註266〕《宋代安撫使考》，頁30。

〔註267〕（宋）李心傳，《要錄》卷26，建炎三年八月己酉條，頁519；《咸淳臨安志》卷47，秩官5，〈古今郡守表〉，1b～2b，頁453

〔註268〕（宋）李心傳，《要錄》卷34，建炎四年六月己卯條，頁661～662。

〔註269〕（宋）李心傳，《要錄》卷87，紹興五年三月丁酉條，頁1447。

〔註270〕《宋會要》職官48之116，〈都鈐轄・鈐轄〉，冊7，頁4385。

〔註271〕《宋史》卷167，志120，〈經略安撫司・走馬承受〉，頁3961。

　　宋時雖有辟法，然白衣不可辟、有出身而未歷任者不可辟。其可辟
　　者，復拘以資格，限以舉主。〔註272〕

有別於唐、五代，將辟舉制度納入官僚遷轉制度中。再者，南、北宋安撫司的
權限也有差別，北宋時安撫司的權力較大，表現在統兵、按劾轄區統兵官、
奏舉知州軍、自辟幕僚的權限上，核心成員多為親近者，〔註273〕南宋時安撫
司的權力降低，制置司繼承大部分北宋時安撫司的權限，幕僚的辟舉權也收
歸銓曹，僅有在無人願就的情況下才允許自辟；〔註274〕南宋浙西安撫司幕府
成員組成複雜，有正式也有添差、不釐務。除正式幕府外，添差多為遇外交
活動時臨時派遣的其他官署官吏，〔註275〕不釐務則多為皇親國戚，坐領俸祿，
以示恩寵。〔註276〕正式幕府官員，則會在祭祀、外交或特殊案件時外派。〔註
277〕部分碩儒、名臣、聞人，亦曾為浙西安撫司幕僚。〔註278〕

〔註272〕（元）馬端臨，《文獻通考》卷39，〈辟舉〉，頁368。

〔註273〕李昌憲，《宋代安撫使考》，頁45～46。

〔註274〕（元）馬端臨，《文獻通考》卷39，〈辟舉〉，頁369；姚建根，《宋朝制置使
　　　　制度研究》（上海：上海書店出版社，2010年），頁；20～31；周國平，《宋
　　　　代幕府研究》，河北大學碩士論文，2003年，頁24～26；余蔚，〈論南宋宣
　　　　撫使和制置使制度〉，《中華文史論叢》（上海：上海古籍出版社，2007年），
　　　　第85輯，頁173～179；（日）渡邊久，〈北宋の經略安撫使〉，《東洋史研究》，
　　　　57卷第4号，1999年，頁676～681。

〔註275〕國信所派遣至臨安府的「掌儀」，即是以臨安府不釐務差遣的名義任職，見
　　　　《宋會要》職官36之66，〈主管往來國信所〉，冊7，頁3923。

〔註276〕如吳太后的親姪吳璹曾任添差不釐務的浙西安撫司主管機宜文字，見《宋會
　　　　要》后妃2之16～17，〈皇后皇太后雜錄三〉，冊1，頁289；韓侂胄因無文
　　　　資，特添差浙西馬步軍副總管、臨安府駐箚、不釐務，見《宋會要》后妃2
　　　　之17，〈皇后黃太后雜錄三〉，冊1，頁289。

〔註277〕如祠祭時需派遣行在釐務官、安撫司、臨安府屬官差充祠祭行事，見《宋會
　　　　要》禮27之3，〈大禮五使〉，冊3，頁1255～1256；浙西安撫司準備差遣
　　　　胡昉，充奉使通問國信審議官，見《宋會要》輿服4之31，〈章服〉，冊4，
　　　　頁2258；浙西安撫司準備差使陳慶，兼權太學錄，見《宋會要》職官28之
　　　　24，〈國子監〉，冊6，頁3773；舉辦科舉時，曾差浙西安撫司主管機宜文字
　　　　余時乂、幹辦公事喬行簡充點檢試卷官，見《宋會要》選舉20之10，〈試官
　　　　二〉，冊10，頁5639、《宋會要》21之10～11，〈監試〉，冊10，頁5652；
　　　　派遣浙西安撫司幹辦公事胡庭直訪查兩廣，瞭解鹽法利弊，提交報告、對策，
　　　　見《宋會要》食貨28之12～15，〈鹽法雜錄六〉，冊11，頁6611～6612。

〔註278〕儘管朱熹認為帥幕非所以處賢者，見（宋）朱熹，《朱文公文集》卷53，〈答
　　　　沈叔晦書二〉，36a；實際情況是楊簡、王邁、喬行簡、周密均曾為浙西安撫
　　　　司幕僚，楊簡見《慈湖遺書‧慈湖先生年譜》卷1，14b，收於《叢書集成續
　　　　編》，冊130，頁473、《宋史》卷407，列傳166，〈楊簡傳〉，頁12289；王

二、敕令所詳定官

　　敕令所詳定官是「詳定重修敕令所」的屬官，該機構的長官稱為「提舉」，由宰相領銜，副長官稱「同提舉」，由執政擔任，主編稱「詳定官」，選從官資格者擔任，在宋朝幾為常設；自南宋中期以後，詳定官以 1 至 3 人為限，〔註279〕負責編敕的定稿，臨安知府兼任詳定官，由於編敕所並非單一編敕機構，一些部門法是自行編纂，負責統合諸司與「在京諸法」的機構稱為「一司敕令所」，〔註280〕由於臨安府承辦諸多事務，均需依法行政，順勢而成聚集各司法條的機構，故常由知府兼詳定一司敕令所；編定「新書」即新的敕令集的過程中需要熟悉法律的官員審查、決斷，名義上由宰執擔任提舉、同提舉，由從官資格擔任的詳定官才是實際上的定稿者，其中臨安知府多兼同詳定，除了多卿監從臣外，選擇熟悉法律的人也是原因之一；在不好的意義上，敕令所是宰執「周旋親故」之地，被視為宰執窩藏朋黨的巢穴，考量到知府和宰執於公於私的密切關係，以及臨安府承辦大量中央事務的重要性，安插自己人也是可想而知的情況，再加上臨安府是中央事務執行機構，其業務之一是受理中央、地方公文傳遞，〔註281〕這與敕令所在向中央部會、地方監司州縣索取歷年來頒降指揮的業務相重疊，故由知府兼任同詳定官。

三、提領戶部財用

　　宋初戶部無執掌，職權大多為三司侵奪，僅差遣判戶事一人，受天下上貢，元豐改制後將三司職事還予戶部，其執掌範圍已在第一章第三節提及，在此不做贅述，然《宋史・職官志》未詳盡提及南宋時的戶部情況。南宋地方

　　　　　邁見《宋史》卷 423，列傳 182，〈王邁傳〉，頁 12634；喬行簡見《宋會要》選舉 21 之 10，〈監試〉，冊 10，頁 5652；周密見《癸辛雜識》後集，〈馬裕齋尹京〉，頁 84。

〔註279〕（宋）李心傳，《雜記》乙集卷 5，〈炎興以來敕局廢置〉，頁 594～595。

〔註280〕郭東旭，《宋代法制研究》（保定：河北大學出版社，2000 年），頁 49～54；（日）梅原郁，《宋代司法制度研究》（東京：創文社，2006 年），頁 823～839；孔學，〈宋代專門編敕機構──詳定編敕所述論〉，《河南大學學報・社會科學版》，47 卷第 1 期，2007 年，頁 15～20。

〔註281〕受理地方、中央公文的單位，為臨安府總轄、上下開拆司，見《宋史》卷 166，志 119，〈臨安府〉，頁 3944、（宋）黎靖德，《朱子語類》卷 112，〈論官〉，頁 2726：「尚書是掌羣臣書奏，如州郡開拆司，管進呈文字，凡四方章奏，皆由之以達。」相關研究，見賈玉英，〈宋代京畿制度變遷論略〉，《宋史研究論叢》，第 9 輯，頁 121。

上供的財賦，為贍養數量龐大的軍隊，大部分為總領所截留，如《宋會要》載孝宗時情形：

> 大抵國家用度，多靡于贍兵。西蜀、湖廣、江淮之賦，類歸四總領所，以均諸屯，其送京者殆亡幾，唯閩、浙悉輸焉。〔註282〕

又見同書所記寧宗時養兵情形：

> （嘉定六年）十一月十四日，監察御史黃序言：「國家置四總領所，以董軍餉，半天下之賦入皆在焉。」〔註283〕

總領所的設置，嚴重侵奪了戶部掌控的財賦，中央僅掌握兩浙路、福建路的稅收。而為掌握財賦以供統籌分配，在孝宗、寧宗時設置國用司，以宰執兼國用使、同知國用司，〔註284〕而這也易成為權相攬權的手段；〔註285〕再加上自寧宗開禧以後，宰相兼樞密使成為常態，北宋初文武分治的國策轉為合一，最終兵、財、民權融合，〔註286〕宰執的權力勝於北宋時；南宋以財持國，又發行官方紙幣，臨安府為發行地之一，也是各種票據的兌換中心，朝廷又時常將收兌事務交予臨安府負責，依賴頗深，而提領戶部財用一職，是國用司以外的特殊差遣，在資歷上等同正尚書，〔註287〕而以執政或准執政兼領，〔註288〕由於臨安知府多兼戶部尚書、侍郎，提領戶部財用一職，可視為獲得執政

〔註282〕《宋會要》職官 27 之 51，〈左藏庫〉，冊 6，頁 3737。

〔註283〕《宋會要》職官 41 之 67，〈總領所〉，冊 7，頁 4033。

〔註284〕（宋）王應麟，《玉海》卷 186，〈理財·乾道制國用使〉，21b～22a，頁 3407～3408；吳業國，〈南宋國用司與中央財政〉，《河北大學學報·哲學社會科學版》，2009 年第 2 期，頁 21～24。

〔註285〕田志光、苗書梅，〈南宋相權擴張若干路徑論略〉，《北方論叢》，2012 年第 3 期，頁 80～81。

〔註286〕王青松，〈南宋中央軍事領導體制簡論——以兩府之間關係變化與運作體制為探討中心〉，收於《宋史研究論叢》（保定：河北大學出版社，2014 年），第 15 輯，頁 214～218。

〔註287〕（宋）不著撰人，《吏部條法》（哈爾濱：黑龍江人民出版社，2002 年），〈薦舉門·薦舉〉，收於楊一凡等編，《中國珍稀法律典籍續編》，冊 2，頁 275。

〔註288〕如葉夢得，見《要錄》卷 21，建炎三年三月辛巳條，頁 413；趙與懽，見《宋史》卷 413，列傳 172，〈趙與懽〉，頁 12405；趙與懃亦曾短暫提領國用所，見《咸淳臨安志》卷 49，秩官 7，〈古今郡守表〉，5b～6a，頁 469；厲文翁，見《咸淳臨安志》卷 49，秩官 7，〈古今郡守表〉，9b，頁 471；馬光祖，見《咸淳臨安志》卷 49，秩官 7，〈古今郡守表〉，10b～11a，頁 471～472；《宋史》卷 421，列傳 180，〈常楙傳〉，頁 12597～12598；《玉海》卷 186，〈理財·建炎提舉戶部財用〉，19a～20b，頁 3406～3407。

恩例，又繼續兼任戶部長官者的尊崇之號。

四、管內勸農使

　　傳統中國以農為本，宋朝的勸農使「掌勸課農桑之事」，始立於宋太宗至道二年（996），尋罷廢；〔註289〕真宗景德三年（1006）「詔諸路轉運使副、開封府知府及諸道知州、刺史，少卿監已上並兼勸農使，其餘知州軍、通判等並兼勸農事。仍令自今除授依此施行」，〔註290〕自此形成以監司、地方長官兼任管內勸農使的制度，〔註291〕南宋臨安知府亦繼承此制度，兼任該職。南宋定都臨安的原因之一，即是當地位處太湖流域農產地的集散中心，〔註292〕考慮到定都後人口、糧食需求量增加，城內、外產業又以商、手工業為主，由府境屬縣管轄鄉村、本路其他產區輸入糧食，與他路輸入方式並行，前者的運輸成本較低，故兼勸農使有其現實因素。

五、橋道頓遞使

　　宋朝每遇大禮，如南郊、安陵等，皆循故事，分置五使典領，橋道頓遞使為南郊五使之一，由京府尹領之，尹缺則由權知府為之，《宋史》云：

> 五代以來，宰相為大禮使，太常卿為禮儀使，御史中丞為儀仗使，兵部尚書為鹵簿使，京府尹為橋道頓遞使。至是大禮使或用親王，禮儀使專命翰林學士，儀杖、鹵簿使亦或以他官。太平興國九年，始鑄五使印。太宗將封泰山，以儀仗使兼判橋道頓遞事。大中祥符後，凡有大禮，以中書、樞密分為五使，仍特鑄印。〔註293〕

〔註289〕《宋會要》職官42之1，〈勸農使〉，冊7，頁4071。
〔註290〕《宋會要》職官42之2，〈勸農使〉，冊7，頁4071。
〔註291〕《宋史》卷173，志126，〈農田之制〉，頁4162。
〔註292〕梁庚堯，〈宋代太湖平原農業生產問題的再檢討〉，《臺大文史哲學報》54期，2001年，頁298～299；方健，《南宋農業史》（北京：人民出版社，2009年），頁328～340。臨安為綱運集散中心，運河所經之處也是糧產地，見韓桂華，《宋代綱運研究》（新北市：花木蘭文化出版社，2013年），頁120～122。臨安產業以商業、手工業為主，見（日）斯波義信著，何忠禮譯，《宋代江南經濟史研究》（南京：江蘇古籍出版社，2012年），頁342～348；林正秋，《南宋都城臨安》，頁233～258；韓桂華，《宋代官府工場及物料與工匠》（臺北：花木蘭文化出版社，2010年），頁5～24。
〔註293〕《宋史》卷98，志51，〈吉禮一〉，頁2427。

大行皇帝、后的山陵五使,任命資格大抵如《宋史》所載,〔註294〕南宋時皇帝、后的發引,常以皇親國戚擔任橋道頓遞使,臨安知府則退為同橋道頓遞使,〔註295〕然措辦道路的實際工作,仍為臨安府;〔註296〕帝、后喪禮時,官員的喪服亦委託臨安府製造,〔註297〕由臨安府成立專門的單位「大禮局」、「排辦司」、「修造司」承辦。

小 結

　　臨安知府是個複雜的職位,與北宋權知開封府不同之處,在制度上屬於帥府,實際上是銜接地方與中央的公文流通管道,也承辦大量中央交付的業務,這或許與南宋初大量省併中央寺監有關,儘管紹興和議後逐步恢復這些寺監,大部分的職權轉移給臨安府下轄,尤以將作監、軍器監的職權為工部、臨安府侵奪;臨安府還負責承辦外交庶務,晚期又承接了太府寺的紙幣收兌、銷毀回收的舊會子業務,內部組織構造雖維持帥府體制,但增加了專門處理中央、地方公文往來的受理單位、專門處理中央交辦事務的單位,臨安府成為掌握事權的重要事務機構,知府該職成為各方角力的場所。在制度上,南宋時普遍認為「改官」靠磨勘和薦舉,選人改京官兩者皆要,京朝官以上則看出身、資序和有無帶館閣職,以及人際關係,如受宰執、皇帝賞識,可不用循磨勘超資轉官,〔註298〕宰執手握薦舉的權力,京尹又得由宰執推薦,獲得皇帝首肯方可就任,皇帝和宰執都會有口袋名單,對知府的任命各有真知灼見;知府在任內想辦好事情,也得拉攏各方關係。

　　知府最低階的散官是朝官,至少五日一上朝,〔註299〕對朝政的參與程度,

〔註294〕（宋）趙升,《朝野類要》卷1,〈典禮·五使〉,頁24:「山陵亦有總護、按行、覆按、修奉、橋道頓遞使之類。又有修奉都護,皆大臣帥座為之。」

〔註295〕如宋孝宗發引,以皇伯趙師夔為橋道頓遞使,見《宋會要》禮30之9,〈歷代大行喪禮下·孝宗〉,冊3,頁1373;光宗發引,以外戚吳璘為橋道頓遞使,見《宋會要》禮30之60,〈歷代大行喪禮下·光宗〉,冊3,頁1399;寧宗楊皇后發引,以宗室趙師貢為橋道頓遞使,臨安知府為同橋道頓遞使,見《宋史全文》卷32,理宗紹定五年十二月丁酉條,頁2675。

〔註296〕《宋會要》禮37之71,〈后陵·顯仁皇后園陵〉,冊3,頁1598。

〔註297〕《宋會要》禮30之3,〈歷代大行喪禮·孝宗〉冊3,頁1370。

〔註298〕胡坤,《宋代薦舉改官研究》（上海:上海古籍出版社,2019年）,頁74～80、149～150;苗書梅,《宋代官員選任和管理制度》,頁433～438;鄧小南,《宋朝文官選任制度諸層面》,頁157～163。

〔註299〕《宋史》卷116,志69,〈賓禮一·常朝儀〉,頁2751。

視其貼職、差遣而有增減，多半集中在參與集議、典禮儀式，以及百官奏對；承辦朝廷事務，包含外交庶務、營建宮殿及中央官署、祭壇、皇親國戚宅邸家廟諸建築、承造各式物件；賑濟、收兌東南會子、進春牛等事。因為相關庶務眾多，索性由從官、卿監或浙漕兼任知府，這樣可以節省關牒傳遞流程及所費時間，也因為承辦大量庶務，對實際情況有相當程度的理解，兼以掌握中央、地方公文的受理權，順勢也參與了「新書」的編定。可以說，與中央有關的兼職都是順勢而為下的產物，根源仍是京師特區體制以及中央事務下移的結果，根據種種條件有所增減；常態性的兼職，則是源於北宋末杭州的帥府體制，以及傳統中國以來農本思想的官方勸農政策。

圖 3-1：南宋臨安圖

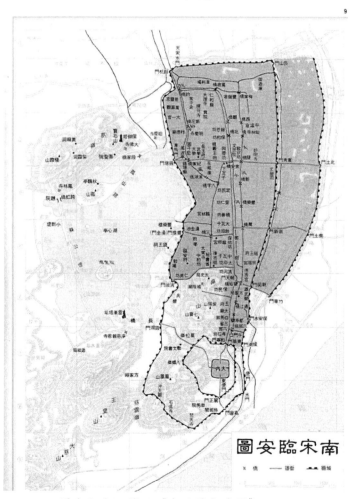

引自程光裕等編《中國歷史地圖》下冊

圖 3-2：乾道年間（1165～73）臨安城內空間型態圖

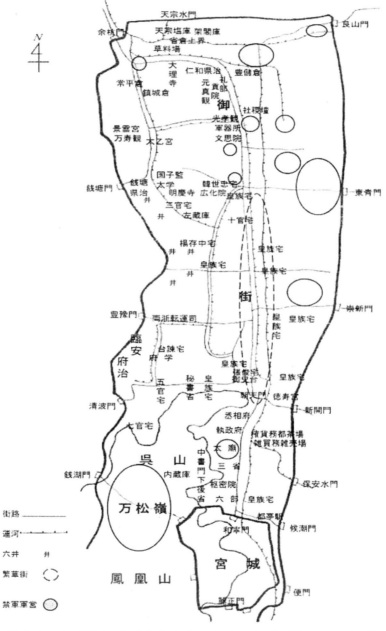

引自（日）高橋弘臣〈南宋臨安における空間形態とその変遷〉圖 3

圖 3-3：咸淳年間（1265～74）臨安城內空間型態圖

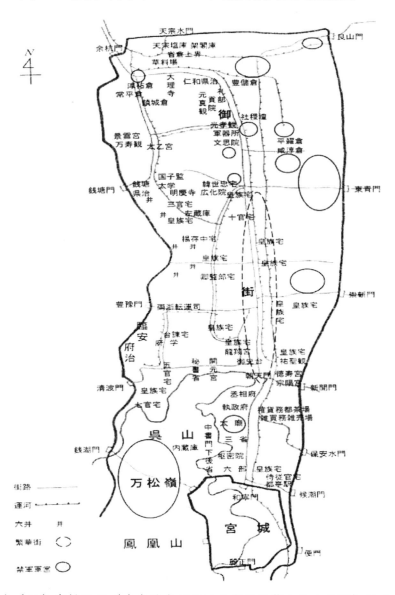

引自（日）高橋弘臣〈南宋臨安における空間形態とその変遷〉圖 4